J.K. Verma

Computação em nuvem verde

J.K. Verma

Computação em nuvem verde

Uma metodologia de eficiência energética para ambiente de computação em nuvem

ScienciaScripts

Cover image: www.ingimage.com

This book is a translation from the original published under ISBN 978-3-659-79461-2.

Publisher:
Sciencia Scripts
is a trademark of
Dodo Books Indian Ocean Ltd. and OmniScriptum S.R.L publishing group

120 High Road, East Finchley, London, N2 9ED, United Kingdom
Str. Armeneasca 28/1, office 1, Chisinau MD-2012, Republic of Moldova, Europe
Printed at: see last page
ISBN: 978-620-8-30617-5

Nas memórias sagradas do meu avô (falecido) Shri Kashi Ram

Reconhecimento

Este livro é um marco na minha carreira académica. Tive a sorte de aprender teorias e conceitos que teriam sido impossíveis se eu não tivesse efectuado extensivamente a investigação necessária. Estou grato a várias pessoas que me orientaram e apoiaram ao longo do processo de investigação e que me ajudaram no meu projeto.

É com um profundo sentimento de gratidão e reverência que exprimo os meus sinceros agradecimentos ao meu supervisor, o Prof. C.P. Katti, da Escola de Informática e Ciências do Sistema da Universidade Jawaharlal Nehru, Nova Deli, pela sua orientação, encorajamento e sugestões úteis ao longo de todo o processo. Ele tem sido uma inspiração e um grande professor para mim. Gostaria de lhe manifestar a minha gratidão por ter desenvolvido em mim o temperamento de uma abordagem independente de resolução de problemas. Teria sido realmente impossível concluir este livro sem o seu inestimável apoio. Considero-me muito afortunado por ter estado associado a um académico como ele. Estou extremamente grato ao Prof. P. C. Saxena (emérito), pelo seu constante encorajamento, sugestões inestimáveis e apoio moral.

Gostaria também de expressar o meu sincero agradecimento ao Diretor da Escola de Informática e Ciências do Sistema da Universidade Jawaharlal Nehru, Nova Deli, por me ter proporcionado esta maravilhosa oportunidade e as infra-estruturas necessárias para a publicação deste livro.

Este reconhecimento ficará incompleto se eu não expressar o meu profundo sentimento de obrigação para com os meus pais Shri Bhagwati Prasad Verma e Smt.
Pushpa Verma pelas suas bênçãos e apoio constantes. Uma menção especial à minha irmã Dra. Archana Verma, aos meus irmãos Devendra Kumar Verma e Pushpendra Kumar Verma, às minhas cunhadas Arti Verma e Rakhi Verma pela sua motivação constante e por me terem apoiado.

I am also thankful to my seniors, friends, and colleagues for their continuous motivation and help, especially Dr. Gyan Prakash Gupta, Dr. Vinay Kumar, Geetanjali Yadav, Jyoti Sahni, Anvesha Katti, Sumit Kumar, Raza Abbas Haidri, aos meus colegas mais novos, nomeadamente, Ashok Kumar Yadav, Pankaj Kumar e Vineet Anand, Mahender Kumar, Kunal Bhaskar, Abhishek Kumar, Rinki Gautam e Indu Dohre. Por último, gostaria de agradecer a todas as pessoas e coisas que estão direta ou indiretamente relacionadas com a publicação deste livro.

J.K. Verma

Resumo

Os sistemas de computação paralela e distribuída estão a servir a humanidade há mais de três décadas. A computação paralela é a utilização simultânea de múltiplos recursos de computação para resolver um problema computacional. É também conhecida como um sistema fortemente acoplado, uma vez que todos os processadores estão ligados numa única placa. O sistema distribuído pode ser definido como um sistema que consiste em múltiplos componentes de software ou hardware que se encontram em vários sistemas, mas que funcionam como uma única imagem coerente, sendo, por isso, designado por sistema fracamente acoplado. Ao longo da sua evolução, foram desenvolvidas diversas variantes da computação paralela e distribuída, nomeadamente a computação multi-core, o multiprocessamento simétrico, o multiprocessamento assimétrico, a computação em clusters, a computação em grelha e a computação em nuvem. As nuvens e as grelhas utilizam a tecnologia de virtualização para uma utilização eficiente dos recursos.

A tecnologia de virtualização permite a criação de máquinas virtuais (VM). As VMs são abstracções implementadas por software do hardware subjacente na camada de aplicação do sistema. As VMs executam programas como máquinas físicas reais.

O aprovisionamento correto da VM no hardware disponível melhora a utilização dos recursos do hardware subjacente. Uma melhor utilização dos recursos pode reduzir significativamente o consumo de energia, necessário para a computação. A redução do consumo de energia diminui a emissão de dióxido de carbono (CO2), um gás com efeito de estufa (GEE), para a nossa atmosfera. Um gás com efeito de estufa absorve e emite radiação na gama dos infravermelhos térmicos, o que provoca o aquecimento da atmosfera da Terra. A acumulação de GEE no ambiente, dia após dia, afecta grandemente a temperatura da Terra, o que é designado por aquecimento global.

Para compensar os graves efeitos do aquecimento global, devem ser adoptadas abordagens eficientes em termos energéticos. Estima-se que os custos das infra-estruturas e da energia contribuam em cerca de 75%, ao passo que as TI apenas 25% para o custo global de funcionamento de um centro de dados. Assim, a adoção da computação em nuvem de forma eficiente em termos energéticos pode reduzir significativamente este efeito. Este livro apresenta uma abordagem ecológica para a consolidação dinâmica de VM no ambiente de computação em nuvem. A heurística resulta num melhor desempenho do sistema modelado para o ambiente de computação em nuvem.

ÍNDICE DE CONTEÚDOS:

CAPÍTULO 1

Introdução

"Pode ser um pouco surpreendente saber que a primeira civilização do mundo a entrar em colapso devido a factores ecológicos foi a Suméria, na Mesopotâmia, há mais de 4000 anos. Talvez esteja a pensar que foi uma catástrofe natural que levou à extinção da civilização suméria. Mas a realidade é diferente.

De facto, foi, em grande medida, uma catástrofe provocada pelo homem, devido ao aumento da salinidade nos extensos canais de irrigação construídos pelos sumérios para o cultivo. De facto, as provas históricas e arqueológicas indicam que o fator ecológico desempenhou um papel crucial no colapso de várias civilizações antigas, como a do Vale do Indo, a grega, a fenícia, a romana e a maia. Hoje, mais uma vez, uma possibilidade semelhante está a atingir-nos na cara, ameaçando dar início ao Endgame. [1]"

-Yojna, Ministério da Informação e da Radiodifusão
do Governo da Índia

1.1. Introdução

O ambiente é uma questão que não obedece, de facto, às fronteiras que estabelecemos no mapa. A interconexão da existência humana na Terra reflecte-se quase claramente quando discutimos questões de ambiente e ecologia.

O longo debate sobre ambiente e desenvolvimento ainda não está resolvido, mesmo quando as nações lutam para encontrar um modelo de desenvolvimento sustentável sem destruir a ecologia.

Apesar da natureza universal das questões ambientais, quando se trata da partilha equitativa do ónus da pegada de carbono deixada pelos países, o debate entre abordagens de emissões per capita continua a ser profundamente controverso.

Este facto torna-se importante nas negociações sobre as alterações climáticas quando se constata que os países ocidentais desenvolvidos contribuem em mais de 50% para o total das emissões de carbono no mundo.

É difícil convencer uma nação em desenvolvimento a não investir na criação de fábricas e indústrias para melhorar o nível de vida dos seus cidadãos apenas em nome da preocupação ambiental. Por conseguinte, as questões ambientais devem ser abordadas em todas as dimensões possíveis, sejam elas políticas ou científicas.

O trabalho realizado neste livro está em consonância com o paradigma da computação ecológica. Os objectivos da computação verde são reduzir a utilização de materiais perigosos, diminuir o consumo de energia gasto no processo de computação durante o ciclo de vida de um produto e promover a reciclagem e os produtos biodegradáveis.

Neste livro, preocupamo-nos com a eficiência energética do processo de computação, que pode ser alcançada considerando toda a infraestrutura de computação e TI como uma única unidade.

A computação em nuvem é uma iniciativa neste sentido. No cenário atual, o objetivo pretendido pode ser parcialmente alcançado se se prestar muito mais atenção à computação em nuvem. Por conseguinte, é também designada por computação sustentável.

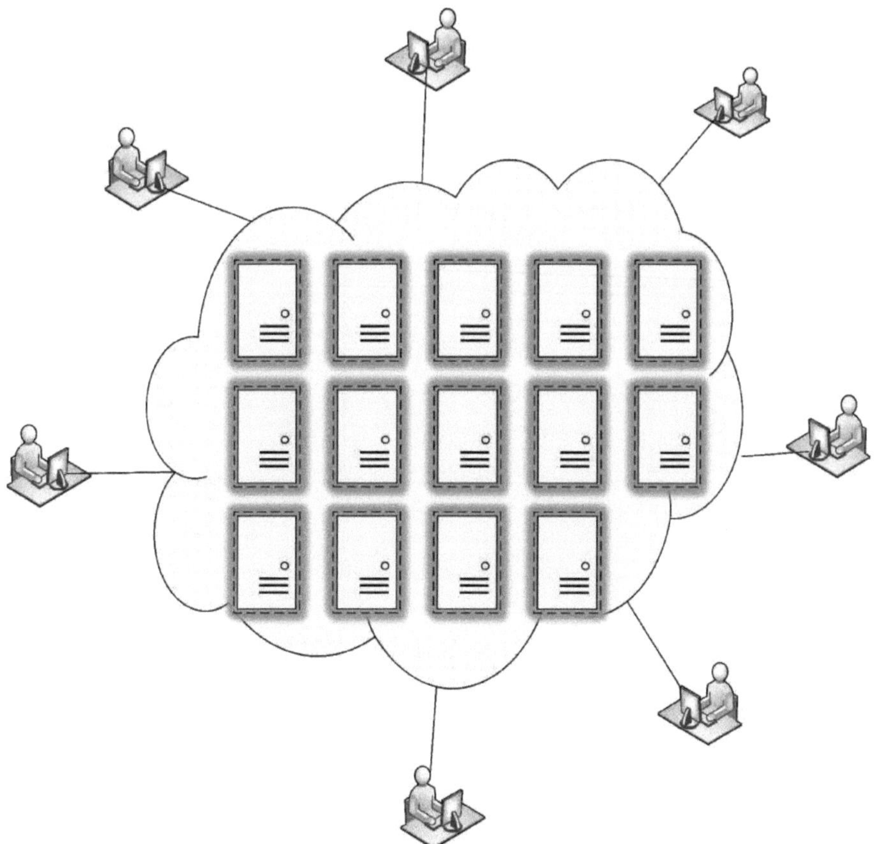

Figura 1.1: O modelo de computação em nuvem

1.2. Computação em nuvem

A computação em nuvem refere-se a aplicações e serviços que são executados numa rede distribuída utilizando recursos virtualizados e acedidos através de protocolos de Internet e normas de rede comuns. É uma técnica que utiliza tecnologia, serviços e aplicações semelhantes aos da Internet e os transforma num utilitário de autosserviço. No sentido literal, a computação em nuvem pode ser definida como:

Computação em grelha + computação utilitária = computação em nuvem

A computação em grelha é a "combinação de recursos informáticos de múltiplos domínios administrativos que são aplicados a uma tarefa comum" [2]. A ideia central subjacente à computação em grelha é a dos sistemas paralelos e distribuídos. A computação utilitária, por outro lado, é o agrupamento de recursos informáticos disponíveis numa base de medição, à semelhança dos serviços públicos.

O termo "nuvem" evoluiu com a utilização tradicional do diagrama de nuvem para representar uma rede, independentemente das topologias de interligação entre os nós de computação, como se pode ver na figura 1.1. A ideia básica da computação em nuvem é a replicação dessas terminologias.

1.2.1. Definição

O National Institute of Standards and Technology (NIST) normalizou várias medidas relacionadas com o mundo da Internet. Em 2009, o NIST elaborou uma definição de computação em nuvem amplamente adoptada e referenciada, que está disponível publicamente:
" A computação em nuvem é um modelo que permite o acesso ubíquo, conveniente e a pedido à rede a um conjunto partilhado de recursos informáticos configuráveis (por exemplo, redes, servidores, armazenamento, aplicações e serviços) que podem ser rapidamente aprovisionados e libertados com um esforço mínimo de gestão ou de interação com o fornecedor de serviços" [3].

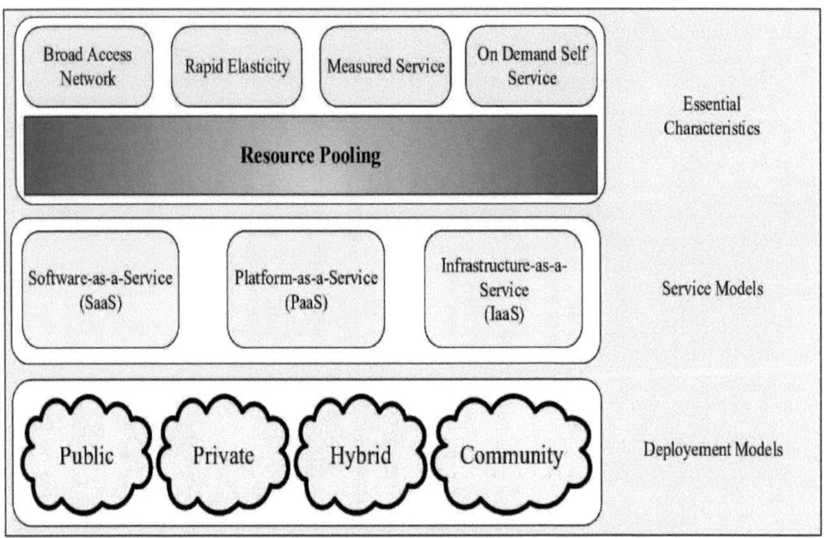

Figura 1.2: Representação do NIST da computação em nuvem

O protótipo do modelo de computação em nuvem adotado pelo NIST é apresentado na Figura 1.2 [3]. A utilização do termo "nuvem" refere-se a dois conceitos principais:

(i) Abstração
(ii) Virtualização

1.2.2. Abstração

A estrutura de computação em nuvem abstrai os pormenores da implementação do sistema dos utilizadores e dos programadores. As aplicações são executadas em sistemas físicos não especificados, os dados são armazenados em locais desconhecidos, a administração dos sistemas é delegada a terceiros e o acesso dos utilizadores é de natureza ubíqua [4].

1.2.3. Virtualização

A estrutura de computação em nuvem virtualiza a infraestrutura dos sistemas através da partilha e do agrupamento de recursos. Os recursos podem ser atribuídos ao utilizador a partir de uma infraestrutura centralizada com base na sua procura. O custo dos serviços é avaliado com base em medições, o multilocatário é ativado e os recursos são escaláveis com agilidade [4].

1.3. Caraterísticas essenciais

O NIST sugeriu certas caraterísticas padronizadas para uma estrutura de computação em nuvem [3]. Uma estrutura de computação em nuvem deve ter as seguintes caraterísticas

1.3.1. Autosserviço a pedido

A computação em nuvem deve permitir que o utilizador final solicite unilateralmente o fornecimento de recursos informáticos, como o tempo de servidor e o armazenamento em rede, automaticamente, sem necessidade de interação humana com cada prestador de serviços.

1.3.2. Acesso alargado à rede

Os recursos são disponibilizados através da rede e acedidos através de mecanismos normalizados que promovem a utilização de plataformas heterogéneas de clientes finos ou grossos, como telemóveis, tablets, computadores portáteis e estações de trabalho.

1.3.3. Pooling de recursos

Os recursos informáticos são agrupados para servir vários consumidores, utilizando um modelo de multilocatário com a atribuição e desatribuição dinâmicas de diferentes recursos físicos e virtuais em função da procura. Existe uma sensação de independência da localização devido ao facto de o utilizador não ter qualquer controlo ou conhecimento sobre a localização exacta do recurso atribuído. No entanto, o utilizador pode especificar a localização a um nível mais elevado de abstração, como o país, o estado ou o centro de dados. Os tipos de recursos disponíveis para agrupamento incluem armazenamento, processamento, memória e largura de banda de rede. A caraterística de agrupamento de recursos permite que o sistema apareça como uma única unidade uniforme de infraestrutura de grande escala.

1.3.4. Elasticidade rápida

Os recursos podem ser aprovisionados e libertados elasticamente ou, nalguns casos, automaticamente, para satisfazer a procura de atribuição ou anulação de atribuição dos recursos, que é rapidamente escalonada. Os recursos disponíveis para aprovisionamento parecem ser ilimitados para o utilizador e podem ser utilizados em qualquer quantidade e em qualquer momento.

1.3.5. Serviço medido

A computação em nuvem é uma forma de computação utilitária em que os serviços são fornecidos com base na utilização. Os sistemas de computação em nuvem controlam e optimizam automaticamente a utilização dos recursos, tirando partido de uma capacidade de medição a um certo nível de abstração, de acordo com o tipo de serviço, como o armazenamento, o processamento, a largura de banda e as contas de utilizador activas. A utilização dos recursos pode ser monitorizada, controlada e comunicada, o que proporciona transparência tanto para o fornecedor como para o utilizador. Por conseguinte, é designado por modelo "pay-as-you-go".

1.4. Papel da tecnologia de virtualização

A tecnologia de virtualização é a pedra basilar da estrutura de computação em nuvem. A tecnologia de virtualização permite criar várias instâncias de VMs sobre um hardware subjacente. Uma VM é uma implementação de software de uma máquina física que executa programas como uma máquina física real sem se aperceber da sua inexistência. A computação em nuvem surgiu a partir do conceito de virtualização. A capacidade de criar VMs que funcionam como um computador real com um sistema operativo é designada por virtualização.

A virtualização significa a separação entre o volume de trabalho de computação e o hardware físico. As VMs podem deslocar-se durante a execução e podem ser concentradas num menor número de servidores para poupar energia eléctrica. As máquinas virtuais podem ter um gémeo idêntico que as substitui quando o original falha. As máquinas virtuais podem ser vendidas pré-embaladas como um "aparelho virtual" para transformar um centro de dados ou vários deles num único conjunto de recursos informáticos, nomeadamente recursos de armazenamento e de rede, que podem ser atribuídos em função das necessidades [5]. A representação de uma única VM no hardware subjacente é mostrada na Figura 1.3 [6].

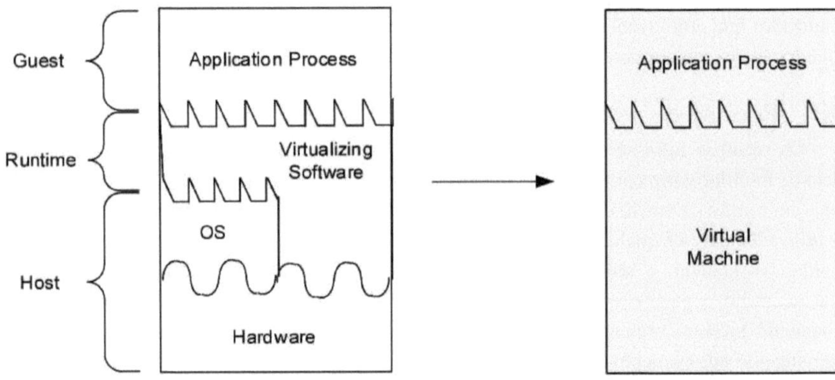

Figura 1.3: Tecnologias de virtualização

A migração em tempo real das máquinas virtuais em execução e a sua consolidação num menor número de servidores físicos abre a possibilidade de desenvolver técnicas de computação respeitadoras do ambiente para abordar os aspectos ecológicos relacionados com o nosso ambiente [7], [8].

1.5. Classificação dos modelos de nuvem

A computação em nuvem pode ser discutida de forma inteligente, classificando-a em vários modelos consoante a sua utilização. A comunidade de investigação e os profissionais de TI separam as nuvens em duas categorias distintas:

(i) . Com base em modelos de implantação

(ii) . Com base em modelos de serviço

1.5.1. Nuvens baseadas no modelo de implantação

Os modelos de implantação dão ênfase à localização das nuvens e ao objetivo da sua utilização. O NIST categorizou as nuvens em quatro tipos de modelos de implantação [3], [9] de acordo com os critérios acima mencionados:

(i) Nuvem pública

A infraestrutura de nuvem que é fornecida para utilização aberta pelo público em geral é designada por nuvem pública. Pode ser propriedade, gerida e operada por uma organização empresarial, académica ou governamental, ou por uma combinação de todas elas. Ela existe nas instalações do fornecedor de nuvem.

(ii) Nuvem privada

A infraestrutura de nuvem que é fornecida para utilização exclusiva por uma única organização que inclui vários utilizadores, tais como unidades empresariais, é referida como nuvens privadas. Pode ser propriedade, gerida e operada pela organização em causa, por um terceiro ou por uma combinação de ambos. Pode existir dentro ou fora das instalações.

(iii) Nuvem comunitária

Uma nuvem comunitária é aquela em que as nuvens foram organizadas para servir a uma função ou propósito comum. A infraestrutura de nuvem é provisionada para uso exclusivo por uma comunidade específica de usuários das organizações que têm preocupações comuns, como missão, requisitos de segurança, política e considerações de conformidade. Ela pode ser de propriedade, gerenciada e operada por uma ou mais organizações da comunidade, por um terceiro ou por alguma combinação deles. Pode existir dentro ou fora das instalações.

(iv) Nuvem híbrida

Uma nuvem híbrida combina várias nuvens, como nuvens privadas e comunidades de nuvens públicas, em que essas nuvens mantêm sua identidade exclusiva, mas são unidas como uma única unidade. Uma nuvem híbrida oferece acesso padronizado ou proprietário a dados e aplicações, bem como portabilidade de aplicações, como o cloud bursting para balanceamento de carga entre as nuvens.

1.5.2. Nuvens baseadas em modelos de serviço

Os modelos de serviço [6] baseiam-se no tipo de serviço que os fornecedores de nuvens estão a oferecer. A representação geral das nuvens com base em modelos de serviço assume a seguinte forma:

XaaS, ou <algo>como *um serviço"*

Os modelos de serviço mais populares são a Infraestrutura como Serviço (IaaS), a Plataforma como Serviço (PaaS) e o Software como Serviço (SaaS). Estes modelos são designados por modelo SPI no seu conjunto. Os modelos de serviço são construídos uns sobre os outros e demarcam as responsabilidades dos fornecedores e dos utilizadores da nuvem. Estes modelos podem ser descritos da seguinte forma:

(i) Infraestrutura como um serviço

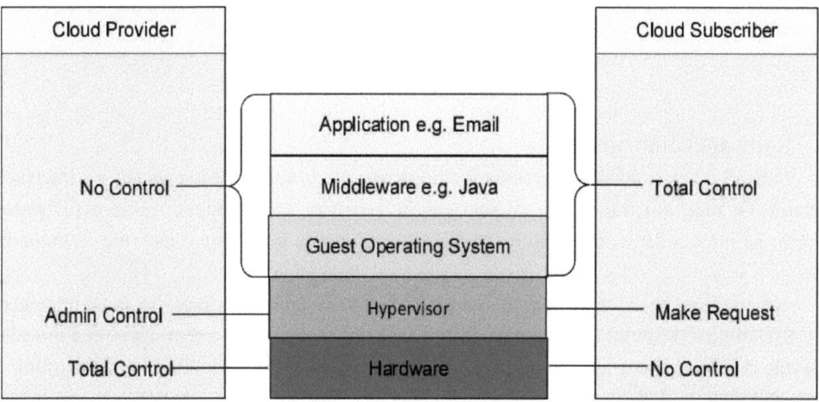

Figura 1.4: Modelo IaaS

A IaaS fornece máquinas virtuais, armazenamento virtual, infraestrutura virtual e outros activos de hardware como recursos que o utilizador pode aprovisionar. O fornecedor de serviços IaaS gere toda a infraestrutura, enquanto o utilizador é responsável por todos os outros aspectos da implementação, como o sistema operativo, as aplicações e a interação do utilizador com o sistema.

(11) Plataforma como um serviço

A PaaS fornece máquinas virtuais, sistemas operativos, aplicações, serviços, estruturas de desenvolvimento, transacções e estruturas de controlo.

Um serviço PaaS adiciona os recursos de integração, middleware e outros serviços de orquestração e coreografia ao modelo IaaS.

O utilizador pode implantar as suas aplicações na infraestrutura de nuvem ou utilizar aplicações que foram programadas utilizando as linguagens e ferramentas suportadas pelo fornecedor de serviços PaaS.

O fornecedor de serviços gere a infraestrutura da nuvem, o sistema operativo e o software de apoio. O utilizador é responsável pela instalação e gestão da aplicação que está prestes a implementar.

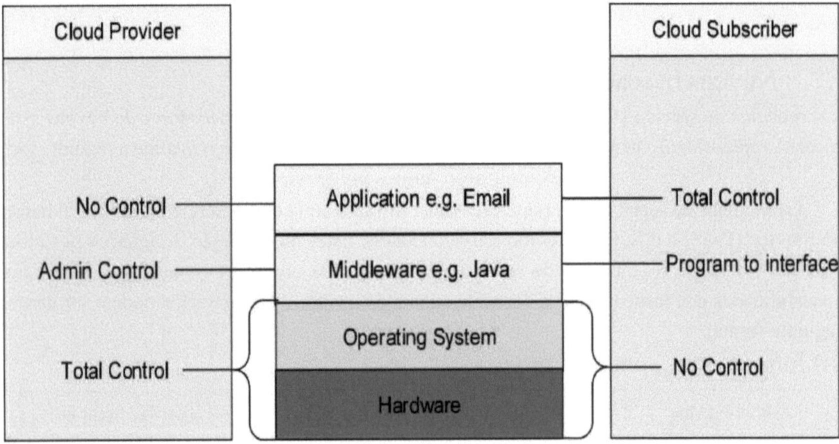

Figura 1.5: Modelo PaaS

(12) Software como um serviço

O SaaS é um ambiente operacional completo com as aplicações, a gestão e a interface do utilizador. Quando um fornecedor de serviços de computação em nuvem oferece software em execução na nuvem de acordo com o modelo de pagamento conforme o uso, ele é chamado de SaaS.

No modelo SaaS, a aplicação é fornecida ao utilizador através de uma interface de utilizador simples (browser), e a responsabilidade do cliente começa e termina com a introdução e a gestão dos seus dados apenas no browser. Tudo, desde a aplicação até à infraestrutura, é da responsabilidade do fornecedor.

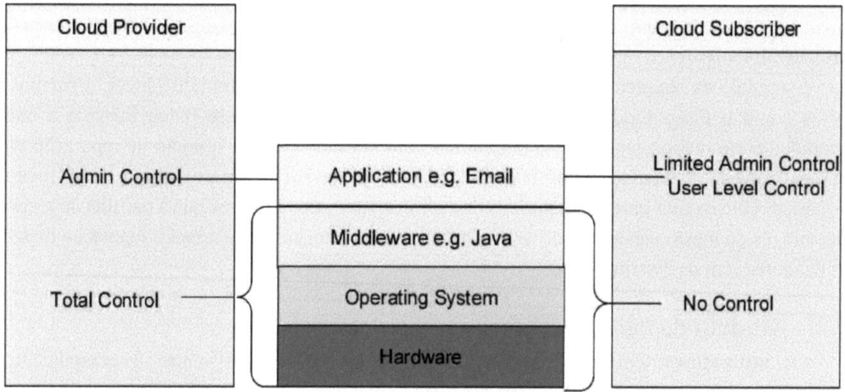

Figura 1.6: Modelo SaaS

1.6. Vantagens da computação em nuvem

Para além das caraterísticas essenciais definidas pelo NIST, outras vantagens deste quadro são as seguintes

(i) A rede de computação em nuvem funciona com uma eficiência muito elevada e a utilização dos recursos é superior à das infra-estruturas tradicionais. Por conseguinte, oferece a computação como um serviço de utilidade pública a um custo muito baixo.

(ii) Dependendo do serviço oferecido, o utilizador pode descobrir que não necessita de licenças de hardware ou software para implementar os seus serviços.

(iii) Os fornecedores de serviços em nuvem são responsáveis por fornecer qualidade de serviço (QoS) de acordo com a negociação efectuada no âmbito do acordo de nível de serviço (SLA).

(iv) As redes de computação em nuvem são escaláveis com agilidade e são capazes de fornecer balanceamento de carga e recuperação de falhas. Estas caraterísticas tornam as nuvens altamente fiáveis do que aquilo que uma organização pode oferecer.

(v) Um modelo de implantação da computação em nuvem permite que um indivíduo se ocupe da sua própria atividade enquanto alguém gere a infraestrutura. Por conseguinte, o resultado será a redução dos custos com o pessoal de TI.

(vi) O sistema centralizado permite que um indivíduo aplique patches e actualizações facilmente. Assim, os utilizadores terão sempre acesso às versões mais recentes do software.

1.7. Questões e desafios

Embora a computação em nuvem ofereça vários benefícios e oportunidades de avanço no cenário atual da infraestrutura de TI. Mas, de acordo com a discussão feita por Dillon et al. em [9], há certas questões que precisam de ser abordadas para a adoção da estrutura da nuvem, que são as seguintes

1.7.1. Questão de segurança

A segurança é a questão mais vulnerável na computação em nuvem. Isso deve-se ao facto de termos de colocar os nossos próprios dados no disco rígido de outra pessoa e de executar as nossas aplicações com a CPU de outra pessoa, o que constitui um grande motivo de preocupação. A outra questão preocupante é a perda de dados, o phishing, o botnet (acesso remoto) e estas questões constituem uma ameaça para a integridade de uma organização. O modelo multi-tenancy e o agrupamento de recursos na computação em nuvem deram origem a novos desafios de segurança [10] que requerem mais atenção para serem tratados.

O modelo de aluguer múltiplo coloca dois novos desafios. Em primeiro lugar, a partilha de recursos como o disco rígido, os dados e as VM no mesmo hardware físico convida a canais inesperados entre recursos maliciosos e genuínos. Em segundo lugar, a questão da reputação wi II afecta gravemente a reputação dos bons "cidadãos" da nuvem que partilham os seus recursos informáticos com os seus colegas inquilinos de espírito criminoso. Uma vez que a partilha de recursos é feita através do mesmo endereço de rede, a má conduta de um colega afectará a reputação de todos os utilizadores sem os discriminar.

1.7.2. Modelo de cálculo de custos

Os utilizadores têm de estar conscientes dos compromissos entre a computação, a comunicação e a integração. Embora a adoção da nuvem possa reduzir significativamente o custo da infraestrutura, aumenta o custo da comunicação, como a transferência dos dados de e para a nuvem pública e híbrida [10], e o custo da utilização unitária dos recursos de computação, ou seja, das máquinas virtuais, pode ser mais elevado. Este problema pode ser dominante se o utilizador optar por um modelo de nuvem híbrida em que os dados do consumidor
podem ser distribuídas entre nuvens públicas/privadas/comunitárias. Gray [11] argumentou que "Colocar a computação perto dos dados" ainda é aplicável na computação em nuvem. Intuitivamente, a adequação da computação em nuvem faz sentido apenas para trabalhos com uso intensivo de CPU. As aplicações transaccionais, como ERP/CRM, podem não ser consideradas adequadas para a computação em nuvem do ponto de vista económico.

Além disso, as diferentes nuvens utilizam protocolos e interfaces proprietários. Por conseguinte, o custo da integração de dados pode ser substancialmente elevado. A divisão e a mistura dos dados em vários recursos causam encargos financeiros adicionais e afectam gravemente o desempenho do sistema.

1.7.3. Modelo de carregamento

A computação em nuvem usufrui do poder do agrupamento elástico de recursos através da virtualização e do multilocatário, pelo que a análise de custos é muito mais típica do que os centros de dados tradicionais, que calculam os custos de acordo com o consumo de computação estática. Além disso, uma VM solicitada passou a ser a unidade de tarifação aplicável em vez de um servidor físico. Além disso, um modelo de tarifação deve também ter em conta a resposta associada à VM, como as licenças de software, a utilização da rede virtual, as despesas gerais de gestão do anfitrião e do hipervisor, etc. Por conseguinte, o modelo de tarifação deve ser modelado de forma a refletir a utilização de vários recursos e requer uma análise de 360 graus para a formulação de um novo modelo de tarifação.

1.7.4. Questão de interoperabilidade

Cada um dos fornecedores de serviços em nuvem tem a sua própria forma de interação entre os utilizadores, as aplicações e os utilizadores da nuvem [12]. Esta razão impõe uma situação de dependência do fornecedor para o desenvolvimento de um ecossistema de nuvem que proíbe os utilizadores de escolherem entre fornecedores alternativos. "Mais importante ainda, as API de nuvem proprietárias tornam muito difícil a integração dos serviços de nuvem com os sistemas legados existentes de uma organização (por exemplo, um centro de dados no local para aplicações de modelação altamente interactivas numa empresa farmacêutica) [9]." A interoperabilidade refere-se aqui tanto às ligações entre diferentes nuvens como à interconexão entre a nuvem e o sistema local da organização [9].

1.7.5. Questões jurídicas

A computação em nuvem deu origem a algumas questões jurídicas que são as seguintes:

(i) Esta questão está relacionada com a localização física dos dados, o que se refere à situação (por exemplo, a passagem de fronteiras entre países) em que, se surgir alguma questão relacionada com os dados, qual é a autoridade responsável pela resolução do litígio e onde será exercida a jurisdição.

(ii) Esta questão está relacionada com a perda de dados. Suponhamos que um país é atingido por uma catástrofe natural, como um terramoto ou um tsunami, no local onde se situa o centro de dados, e que as empresas que utilizam os seus serviços estão cobertas pelo seguro.

(iii) Esta questão está relacionada com os direitos de propriedade intelectual (DPI) dos segredos comerciais. Uma vez que a segurança é a principal preocupação em relação à nuvem, se surgir alguma questão relacionada com a segurança dos dados e o roubo de informações, que se enquadre no âmbito dos DPI, o que se pode fazer nesse caso?

1.7.6. Qualidade

A computação em nuvem oferece um imenso potencial de computação e armazenamento para que os serviços possam ser prestados em tempo útil. Embora ofereça serviços ao abrigo de um documento de negociação conhecido como acordo de nível de serviço (SLA), se o fornecedor não for capaz de fornecer a QoS prometida, o utilizador não tem outra alternativa senão mudar para outro fornecedor de serviços em nuvem.

1.8. Computação verde

As secções seguintes abordam todos os aspectos da computação ecológica:

1.8.1. Introdução

A computação ecológica ou sustentável refere-se à prática da computação ou das TI respeitadoras do ambiente. A computação ecológica é a prática de conceber, fabricar, utilizar e eliminar servidores, computadores e subsistemas associados ou dispositivos periféricos, como monitores, dispositivos de armazenamento, impressoras e sistemas de ligação em rede e de comunicações, de forma eficaz e eficiente, com um impacto mínimo ou quase nulo no ambiente [13]. A computação ecológica centra-se nos seguintes objectivos

(i) Minimizar a utilização de materiais perigosos,

(ii) Melhorar a eficiência energética durante o tempo de vida do produto, o que resultará numa redução do nível de emissões de gases com efeito de estufa (GEE),

(iii) Eliminação adequada dos resíduos electrónicos, e

(iv) Promover a reciclabilidade e a biodegradabilidade tanto do produto defunto como dos resíduos da fábrica.

1.8.2. Motivação

A utilização ineficiente da infraestrutura de TI provoca um maior consumo de energia e um montante mais elevado de facturas. Além disso, o elevado consumo de energia pela infraestrutura de

TI provoca emissões substanciais de dióxido de carbono (CO2) e contribui para o efeito de estufa do ambiente. Muitos departamentos de TI de empresas e governos adoptaram iniciativas de computação verde para reduzir o impacto ambiental das suas operações de TI [14]. De acordo com a tendência atual, têm sido envidados esforços em áreas-chave como a utilização de computadores tão eficientes quanto possível em termos energéticos e a conceção de algoritmos e sistemas para a eficiência relacionada com as tecnologias informáticas.

1.8.3. Porquê a computação ecológica?

A Universidade de Cornell, nos Estados Unidos, define a Computação Sustentável como:

" A informática sustentável é um princípio que engloba uma série de políticas, procedimentos, programas e atitudes que abrangem toda a utilização das tecnologias da informação. É uma abordagem holística que se estende da energia aos resíduos, das compras à educação, e é uma abordagem de gestão do ciclo de vida para a utilização de TI numa organização. O conceito de computação sustentável considera o custo total de propriedade, o impacto total e o benefício total dos sistemas tecnológicos [15].

O servidor físico utilizado na infraestrutura de TI continua a ser subutilizado. A melhor utilização destes servidores pode ser conseguida através da tecnologia de virtualização [16]. O hipervisor ou Monitor de Máquina Virtual (VMM) é a técnica de virtualização que cria múltiplas partições isoladas, chamadas máquinas virtuais (VMs), executadas sobre o hipervisor. O hipervisor actua como uma camada de software posicionada entre o hardware e a VM que permite a utilização eficiente do hardware subjacente. A emissão de gases com efeito de estufa pode ser reduzida adoptando uma forma de computação eficiente do ponto de vista energético, o que, por sua vez, reduzirá a acumulação de gases com efeito de estufa na atmosfera. A partir de agora, abordaremos a eficiência energética, que é um dos principais objectivos da computação ecológica no âmbito deste trabalho.

1.9. Organização do livro

O resto do livro está organizado da seguinte forma. No Capítulo 2, discutimos a revisão da literatura e os trabalhos relacionados. No Capítulo 3, apresentamos uma análise exaustiva da técnica de utilização de recursos com eficiência energética, o problema da consolidação dinâmica de VMs, seguido do modelo de sistema adotado, da heurística adaptativa para a consolidação de VMs, do problema identificado para o livro, da declaração do problema e da conceção da solução relacionada com o nosso trabalho. No Capítulo 4, apresentamos a arquitetura da estrutura de simulação, a modelação da nuvem para o trabalho proposto, os dados da carga de trabalho, a modelação do consumo de energia, o algoritmo proposto, seguido da configuração experimental, as métricas de desempenho adoptadas, os valores dos parâmetros escolhidos para a simulação, os pressupostos utilizados no nosso estudo de simulação, os resultados e a análise da simulação e a observação feita através dos resultados experimentais. O Capítulo 5 trata do resumo do livro e da conclusão a que chegámos, seguido das direcções futuras do trabalho.

CAPÍTULO 2

Revisão da literatura

" A história não é como uma pessoa individual, que utiliza os homens para atingir os seus fins. A história não é mais do que as acções dos homens em busca dos seus fins

-A Sagrada Família, cap. VI, (1845)

2.1. Trabalhos relacionados

A computação em nuvem oferece serviços de TI orientados para a utilidade a um grande número de utilizadores em todo o mundo. Oferece um imenso potencial de investigação em várias dimensões. As áreas de investigação devidamente identificadas são a segurança e a privacidade, o desenvolvimento de um modelo de tarifação adequado, a interoperabilidade entre as nuvens, a eficiência energética, a afetação eficiente de recursos, a definição de perfis de trabalho, a gestão de dados nas nuvens, a gestão de serviços e a identificação dos atributos adequados do SLA. Além disso, há questões jurídicas e de conformidade que exigem atenção política e que podem ser apoiadas pelas comunidades de investigação. Neste livro, centrámo-nos na eficiência energética como um problema de investigação. A Bearl et al. [7] abordou em pormenor a questão da eficiência energética no seu artigo.

2.1.1. Hardware energeticamente eficiente

A adoção de hardware energeticamente eficiente é uma das abordagens para a poupança de energia. Rótulos como o US Energy Star [17], o EU Energy Star [18] ou a certificação TCO [19] promovem este esforço, classificando os produtos informáticos de acordo com o seu impacto no ambiente. Os discos de estado sólido são tecnologias emergentes que consomem muito menos energia do que os discos rígidos tradicionais. O consumo de energia pode ser ainda mais reduzido através de métodos de redução do consumo do processador, como SpeedStep, PowerNow, Cool'nQuite ou comutação baseada na procura [20]. Estas técnicas reduzem a velocidade do relógio da CPU ou desligam gradualmente os componentes dos chips quando estes estão inactivos. A configuração avançada e a interface de alimentação ACPI detectam a interação entre o utilizador e a máquina. Com base neste esquema de tempo limite para a ausência de interação entre o utilizador e a máquina, diferentes partes do hardware podem ser desligadas gradualmente. A ACPI definiu quatro estados de energia diferentes para reduzir o consumo de energia [21].

2.1.2. Centro de dados energeticamente eficiente

A virtualização é a tecnologia que impulsionou os centros de dados em comparação com os centros de dados tradicionais. As VMs, beneficiadas pelo encapsulamento de serviços virtualizados, podem ser criadas, movidas, copiadas e destruídas de acordo com as decisões de gestão. A consolidação do hardware e a redução da redundância podem proporcionar eficiência energética. Os servidores não utilizados podem ser comutados para o modo de consumo mínimo de energia ou desligados para poupar energia. A sobrecarga de alguns anfitriões pode reduzir o número de servidores físicos necessários. Atualmente, a autogestão do centro de dados ainda não é eficiente em termos energéticos. Os serviços podem ser virtualizados e geridos no local do centro de dados e podem também ser transferidos para outros locais. Para além do aspeto da carga, a geração de calor devido à migração de um serviço pode ser medida e contabilizada antes da operação de migração propriamente dita. Cada anfitrião físico em funcionamento gera o conteúdo de calor. Quando um nó é excessivamente utilizado ou está localizado perto de outros sítios muito carregados, podem surgir pontos de acesso num centro de dados. Para evitar esses pontos quentes, o conteúdo de calor pode ser distribuído pelos outros sítios. Além disso, os serviços podem ser migrados dos sítios altamente carregados ou dos sítios com temperaturas elevadas para sítios não sobrecarregados com temperaturas mais baixas. Em geral, os serviços podem ser migrados para locais onde possam ser explorados de forma mais eficiente em termos energéticos. Os problemas relacionados com a energia devem ser resolvidos de acordo com as políticas definidas, para que não seja necessária a interação humana. As caraterísticas dos serviços, dos servidores, das redes e mesmo de todo o sítio devem seguir as instruções legíveis por máquina para permitir a eficiência energética, de modo a que um sistema possa ser autónomo e adaptável [22].

2.1.3. Consolidação de hardware e VMs

Um dos primeiros esforços, em que a técnica de consciência de potência foi aplicada para recursos agrupados, foi feito por Nathuji e Schwan [23]. Eles propuseram a arquitetura de um sistema de gestão de recursos de um centro de dados que se divide em políticas locais e globais. O sistema utiliza as estratégias de gestão de energia do sistema operativo convidado (SO) a nível local, enquanto o gestor global recolhe informações sobre a atual atribuição de recursos dos gestores locais. Em seguida, o gestor global decide se a colocação da VM é necessária ou não.
No entanto, os autores não se pronunciaram sobre as políticas específicas de gestão automática a nível global.

Kusic et al. [24] sugeriram que a gestão de energia em ambiente heterogéneo para recursos virtualizados é uma otimização sequencial e que o problema utiliza o controlo de antecipação limitada (Limited Look-Ahead Control - LLC). Eles definem a função objetivo como a maximização do lucro do fornecedor de recursos através da minimização do consumo de energia e da violação do SLA. Para prever o número de pedidos futuros e o estado futuro do sistema, foi aplicado o filtro de Kalman, que é um estimador linear quadrático, de modo a que a reafectação necessária possa ser efectuada. No entanto, o modelo proposto exige uma aprendizagem baseada em simulações para efetuar um ajustamento específico da aplicação que não pode ser implementado pelos fornecedores de serviços em nuvem IaaS. Como o modelo é muito complexo, o período de execução do controlador de otimização chega a 30 minutos para apenas 15 nós. Por conseguinte, não é adequado para sistemas de grande escala.

Srikantaiah et al. [25] sugeriram o escalonamento de pedidos para aplicações Web de várias camadas em sistemas heterogéneos virtualizados, de modo a reduzir o consumo de energia e a satisfazer os requisitos de desempenho. Devido à elevada utilização, a degradação do desempenho ocorre devido à consolidação da carga de trabalho. De acordo com a sua investigação, o consumo de energia para uma transação resulta na curva em forma de "U" e o ponto mais baixo da curva é o ponto de utilização ótimo que pode ser determinado facilmente. Os autores propuseram uma heurística para o problema de empacotamento de contentores multidimensionais sob a forma de um algoritmo para a consolidação da carga de trabalho em vários recursos. No entanto, a heurística dependia do tipo de carga de trabalho e da aplicação.

Cardosa et al. [26] propuseram uma abordagem para a atribuição eficiente de energia a VMs em ambientes heterogéneos de recursos virtualizados. Utilizaram os parâmetros min, max e share de acordo com o VMM do Xen, que representam o mínimo, o máximo e a fração da CPU atribuída às VMs que partilham os mesmos recursos. No entanto, a abordagem era adequada apenas para ambientes empresariais. A outra limitação é a alocação estática das VMs.

Verma et al. [27] colocaram a hipótese de o problema relacionado com a colocação dinâmica de aplicações com consciência da energia em sistemas heterogéneos virtualizados ser uma otimização contínua. A colocação de VMs é optimizada em cada período de tempo para minimizar o consumo de energia e maximizar a utilização de recursos. Este trabalho está em conformidade com o trabalho efectuado em [25], ou seja, a aplicação de uma heurística para o problema de empacotamento de caixas com o tamanho variável das caixas e o custo. Tal como em [23], a nova colocação de VMs é conseguida para cada período de tempo através da migração em tempo real das VMs. No trabalho mais recente de Verma et al. [28] propuseram dividir as estratégias de consolidação de VMs em 3 partes, nomeadamente, consolidação estática (mensal, anual), semi-estática (dias, semana) e dinâmica (minutos, horas).

Concentraram-se na consolidação estática e semi-estática porque a consolidação destes tipos é mais fácil de implementar no tipo de ambiente empresarial. Gandhi et al. em [29] fizeram a alocação do orçamento de energia disponível entre os servidores de um parque de servidores heterogéneo virtualizado, mantendo o tempo médio de resposta mínimo ao mesmo tempo. Introduziram um modelo teórico de filas de espera para estudar o impacto de diferentes factores no tempo médio de resposta. Este modelo permite prever o tempo médio de resposta através da relação potência-frequência, da taxa de chegada do trabalho, do orçamento de potência de pico, etc. Este modelo foi utilizado para encontrar a atribuição óptima de potência para cada combinação possível dos factores acima referidos.

Jung et al. [30], [31] trabalharam sobre o problema da consolidação dinâmica de VMs, considerando que as VMs estão a executar aplicações Web de vários níveis utilizando a migração em tempo real, mantendo a QoS de acordo com o SLA. Os atributos do SLA são modelados como o tempo de resposta calculado antecipadamente para cada tipo de transação de uma aplicação Web específica. Foi produzida uma nova colocação de VM utilizando o problema de empacotamento de contentores e técnicas de pesquisa de gradientes. O controlador de migração decidirá se há necessidade de reconfiguração, ou seja, se é eficaz de acordo com a função de utilidade que tem em conta o cumprimento do SLA. Mas esta abordagem é aplicável a uma única aplicação Web. Por isso, não pode ser utilizada num sistema multitenant como o ambiente IaaS. Zhu et al. [32] definiram um tipo de problema semelhante para a atribuição automática de recursos e o planeamento da capacidade. Sugeriram três controladores diferentes, cada um dos quais operará numa escala temporal diferente: tempo de escala mais longo, tempo de escala mais curto e tempo de escala mais curto para horas a dias, minutos e segundos, respetivamente. Estes controladores colocarão cargas de trabalho compatíveis num grupo de servidores, reagirão a condições variáveis em termos de reafectação de VMs e fornecerão recursos a VMs dentro dos servidores para cumprir SLAs.

Kumar et al. [33] sugeriram uma abordagem para a consolidação dinâmica de VMs de acordo com a estimativa de "estabilidade". A estabilidade é aqui definida como a probabilidade de a realocação proposta de VMs permanecer efectiva durante algum tempo no futuro. A definição do perfil da procura futura dos recursos foi efectuada utilizando uma função de densidade de probabilidade variável no tempo. Assumiram que a média e o desvio padrão da distribuição são conhecidos antecipadamente. A hipótese é que os valores podem ser recolhidos utilizando a definição de perfis offline da aplicação, bem como a calibração online em conformidade. Mas a criação de perfis offline não é realista para um ambiente IaaS. Além disso, assumiram que a utilização dos recursos segue uma distribuição normal, enquanto vários estudos [34], [35], [36] provaram que a utilização dos recursos pelas aplicações é muito mais complexa e, por conseguinte, não é fácil modelá-la utilizando uma simples distribuição de probabilidades. Berral et al. [37] trabalharam no problema da consolidação dinâmica de VMs, considerando que as VMs estão a executar aplicações com prazos definidos no SLA. Optimizaram a combinação do consumo de energia e dos requisitos do SLA utilizando técnicas de aprendizagem automática. Esta abordagem é adequada para um ambiente do tipo High Performance Computing (HPC), em que as aplicações são aprovisionadas de acordo com as restrições de prazo, e para um ambiente que trabalha com cargas de trabalho mistas.

CAPÍTULO 3

Utilização de recursos com eficiência energética na computação em nuvem

" As últimas três décadas foram testemunhas da rápida procura de potência computacional, impulsionada pelas modernas aplicações de serviços. Tal deve-se à passagem da era industrial para a era da informação, que resultou marginalmente da revolução digital. Este rápido crescimento da procura de potência computacional levou ao aparecimento de centros de dados distribuídos em grande escala situados em locais geograficamente afastados. Estes centros de dados em grande escala consomem uma enorme quantidade de energia eléctrica, o que resulta num custo de funcionamento muito elevado e numa elevada emissão de dióxido de carbono (CO2). O fator mais importante por detrás do elevado custo de funcionamento e da emissão *de CO2* é a subutilização de recursos. A subutilização de recursos é o maior impedimento para ultrapassar estes problemas, o que se deve certamente a determinados estrangulamentos no sistema adotado. A utilização de tecnologias de virtualização na computação em nuvem foi uma conquista notável para o aprovisionamento flexível de recursos em comparação com as grelhas. Melhora a eficiência energética através da consolidação do servidor virtualizado num número mais reduzido de servidores físicos. A consolidação dinâmica de VMs e a comutação dos anfitriões inactivos para o modo de consumo mínimo de energia ou o seu encerramento melhorarão ainda mais a eficiência energética. "

3.1. Antecedentes

Os sistemas de computação paralela e distribuída (HPC) estão a servir a infraestrutura de TI desde há muito tempo. Os sistemas, como as grelhas e as nuvens, dispõem de uma enorme capacidade de computação, pelo que são adequados para aplicações científicas e de engenharia de grande escala e de computação intensiva. O estabelecimento de centros de dados de grande escala com milhares de anfitriões de computação deve-se à proliferação da computação em nuvem, que resulta na dissipação de uma enorme quantidade de energia eléctrica. As razões subjacentes ao consumo extremamente elevado de energia são o grande número de recursos de computação utilizados, a ineficiência energética do hardware e a utilização ineficiente dos recursos. Estudos efectuados em [38] mostram que os servidores funcionam apenas a 10-50% da sua capacidade de utilização total devido ao excesso de aprovisionamento de recursos.

Outro aspeto da eficiência energética é a estreita gama de potência dinâmica dos servidores, devido à qual os servidores completamente inactivos consomem cerca de 70% do pico de consumo de energia [39]. O modelo de computação em nuvem beneficia da tecnologia de virtualização, oferecendo virtualização de recursos informáticos, o que permite aos clientes o aprovisionamento flexível de recursos a pedido, numa base de pagamento consoante o uso [40].

O aprovisionamento eficiente de recursos atrai a nossa atenção para o problema da consolidação dinâmica de máquinas virtuais, que considera vários anfitriões e várias máquinas virtuais, de modo a que os pedidos dos utilizadores possam ser satisfeitos com menos hardware, o que, por sua vez, pode melhorar a eficiência do hardware. A consolidação de VMs é uma técnica para consolidar VMs num menor número de hosts. Neste livro, foi tomado em consideração um algoritmo online não determinístico para a consolidação dinâmica de VMs, tal como discutido em [41]. O modelo define hosts homogéneos com a capacidade de cada host a ser A_h . A capacidade máxima de CPU que pode ser atribuída à VM é A_v . O número máximo de VMs que podem ser alocadas a um host, quando as VMs exigem sua capacidade máxima de CPU, conforme definido em (1).

$$m = \frac{A_h}{A_v} \quad (1)$$

Por conseguinte, o número total de VMs num determinado anfitrião é *m*. As VMs podem ser migradas entre os anfitriões utilizando a migração em direto, considerando o tempo de migração como t_m . A violação do SLA é causada pelo facto de a procura de CPU pelas VMs ser superior à disponível no anfitrião, ou seja, a procura é superior a A_h . O custo da energia é C_p e o custo da violação do SLA por unidade de tempo é ^v. Sem perda de generalidade, estes custos são definidos como C_p =1 e $C_v = s$, onde $s \in R^+$. Isto é equivalente a defini-los como $C_p = 1/s$ e . $C_v = 1$

Consideramos que um anfitrião está inativo quando nenhuma VM é aprovisionada no anfitrião e este está desligado ou em modo de consumo mínimo de energia. Os anfitriões não inactivos são designados por anfitriões activos. Podemos formular uma função de custo utilizando os pressupostos acima referidos, tal como definido em (2).

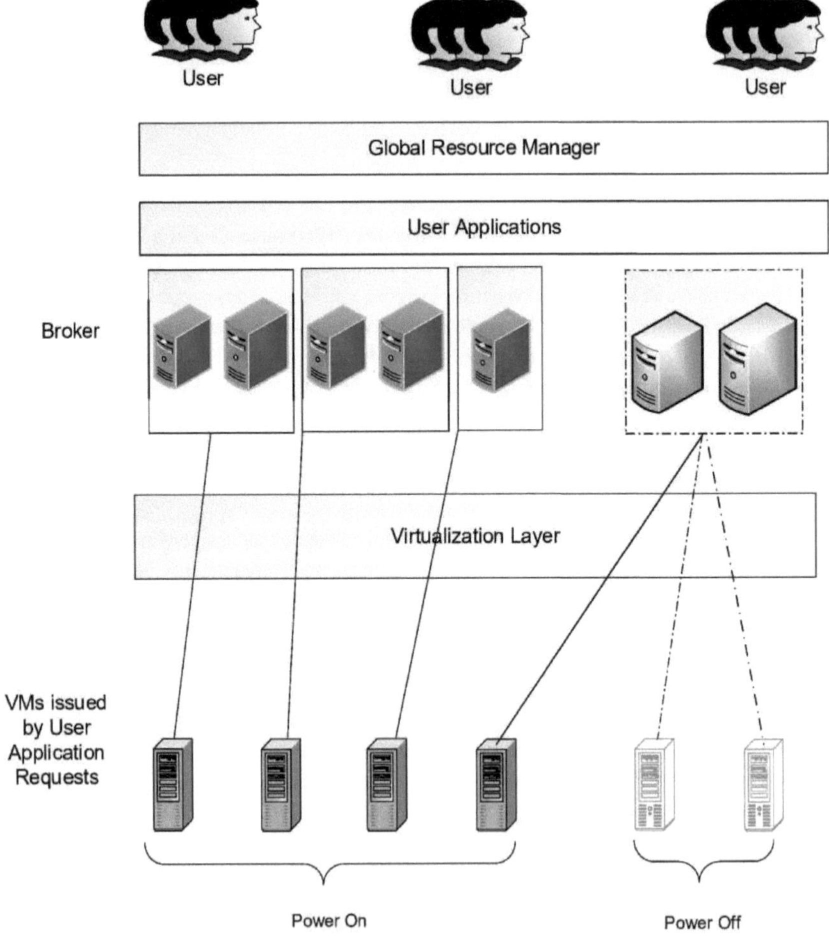

Figura 3.1: A vista do sistema

$$C = \sum_{t=t_0}^{T}(C_p \sum_{i=0}^{n} a_{ti} + \sum_{j=0}^{n} v_{tj}) \quad (2)$$

em que t_0 é o tempo inicial; T é o tempo total; $a_{ti} \in \{0,1\}$ indica se o anfitrião *i* está ativo no tempo *t*; $v_{tj} = \{0,1\}$ indica se o anfitrião *j* está a sofrer uma violação do SLA no tempo *t*.

Um algoritmo online não determinístico para consolidação de VMs abre caminho para analisar algoritmos aleatórios de forma estatística. Usando esta abordagem, o desempenho médio de um algoritmo pode ser analisado e é baseado em modelos de distribuição da entrada para o algoritmo. No mundo real, as VMs experimentam uma carga de trabalho muito complexa que não pode ser modelada usando distribuições estatísticas simples [34]. Os estudos efectuados em [35] mostraram que as cargas de trabalho da Web têm as seguintes propriedades.

(i) Correlação entre as cargas de trabalho,
(ii) Não-estacionariedade,
(iii) Rutura, e
(iv) Auto-similaridade.

Os resultados em [36] sugerem que as cargas de trabalho apresentam padrões como pseudoperiodicidade, dependência de longo alcance e escalonamento multifractal. Tendo em conta estes resultados, a Secção 3.3 define MADRS, uma heurística adaptativa, que se baseia na análise estatística de dados históricos da carga de trabalho [41]. Aqui foram feitas duas suposições:

(i) As cargas de trabalho não são completamente aleatórias e,
(ii) Os acontecimentos futuros podem ser previstos com base em dados passados.

3.2. O modelo do sistema

Neste livro, o sistema visado é uma infraestrutura IaaS que representa um centro de dados de grande escala. Este centro de dados de grande escala é composto por *N* anfitriões heterogéneos. Cada anfitrião é caracterizado pelo desempenho da CPU (ou seja, MIPS), tamanho da RAM, largura de banda da rede e armazenamento em disco. Não há conhecimento prévio das cargas de trabalho e do tempo para o aprovisionamento de *M* VMS. O utilizador submete um pedido de aprovisionamento de *M* VMs heterogéneas de acordo com os parâmetros acima mencionados.

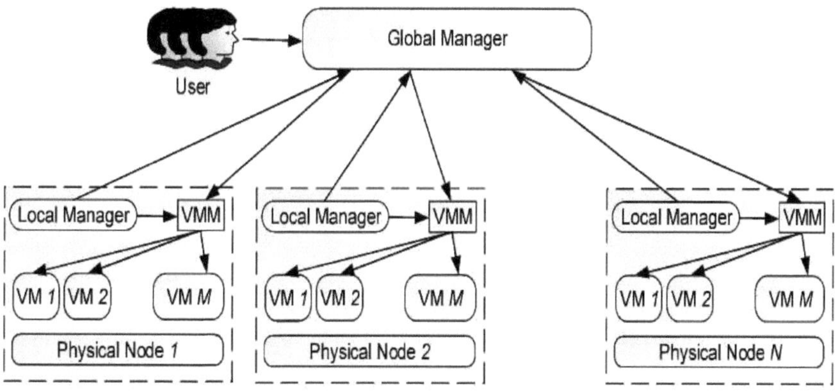

Figura 3.2: O modelo do Sistema

Os dois principais componentes da camada de software são o gestor local e o gestor global, como indicado na figura 3.2 [41]. O gerenciador local fica em cada um dos hosts como um módulo do hipervisor/VMM. O objetivo do gestor local é monitorizar a utilização da CPU de cada anfitrião, redimensionar as máquinas virtuais de acordo com as necessidades de recursos e tomar decisões sobre a migração de máquinas virtuais de um anfitrião para outro de acordo com critérios fixos. O gerente global fica no host mestre e reúne informações de todos os gerentes locais para cuidar da utilização geral dos recursos.

O gestor global é responsável por emitir comandos para otimizar a colocação de VMs. O redimensionamento da VM, a migração e a mudança de estado de energia dos hosts são feitos pelos VMMs. A maioria dos hosts ociosos é mantida desligada, enquanto alguns nós temporários são mantidos em modo de suspensão/hibernação para responder rapidamente aos picos de demanda de carga.

3.1.1. Arquitetura de CPU multi-core

De acordo com este modelo, considera-se que o centro de dados é um conjunto de anfitriões alimentados por CPUs com vários núcleos. Modelámos *n* núcleos com a capacidade de *m* MIPS por núcleo. Assim, a capacidade total de uma CPU é *n x m* MIPS. As aplicações e as VMs não estão ligadas aos núcleos de processamento e podem ser executadas em qualquer núcleo arbitrário de acordo com a política de agendamento de tempo partilhado.

Tomámos em consideração que os MIPS das VMs são inferiores ou iguais aos MIPS de um único núcleo da CPU porque, se não fosse esse o caso, as VMs seriam executadas em paralelo em mais do que um núcleo. A razão por trás dessa restrição é que não há conhecimento prévio sobre as aplicações executadas nas VMs, pois a paralelização automática de VMs é um problema de pesquisa complexo em si.

3.1.2. Modelo de potência

Um centro de dados é um conjunto de anfitriões que constituem o local efetivo de computação. O consumo de energia por estes anfitriões inclui o consumo da CPU, do armazenamento em disco e das interfaces de rede. A CPU consome a maior quantidade de energia eléctrica em comparação com outros componentes do sistema, pelo que, neste trabalho, nos concentrámos na gestão do consumo de energia e na utilização adequada dos recursos.

Estudos recentes [39], [24] e [42] sugeriram que o consumo de energia por um servidor físico pode ser descrito por uma relação linear entre o consumo de energia e a utilização da CPU, mesmo no caso em que o DVFS é aplicado.

Isto deve-se ao número limitado de estados atribuídos aos níveis de frequência e tensão de uma CPU, partindo do princípio de que a técnica de escalonamento da tensão e da frequência não é aplicada a outros componentes do sistema, exceto à CPU. Descobriu-se também que um servidor inativo consome cerca de 70% da energia em comparação com o servidor que está a ser totalmente utilizado.

Por conseguinte, desligar os anfitriões inactivos é uma medida judiciosa para reduzir o consumo de energia dos servidores. Por conseguinte, o modelo de potência pode ser definido da seguinte forma (3):

$$P(u) = k * P_{max} + (1 - k) * P_{max} * u \qquad (3)$$

em que P_{max} é o consumo máximo de energia quando o servidor é totalmente utilizado; k é a fração do consumo de energia quando o servidor está inativo; e U é a utilização da CPU. A utilização da CPU varia com o tempo devido à variação da carga de trabalho. Portanto, a utilização da CPU pode ser representada como uma função do tempo como u(t). Assim, o consumo total de energia (E) por um host pode ser definido como uma integral do consumo de energia que é a função da utilização da CPU durante um período de tempo (4).

$$E = \int_t P(u(t))\,dt \qquad (4)$$

Tabela 3.1: Modelo de consumo de energia de acordo com o nível de utilização dos servidores

Servers	0 %	10 %	20 %	30 %	40 %	50 %	60 %	70 %	80 %	90 %	100 %
HP ProLiant G4	86	89.4	92.6	96	99.5	102	106	108	112	114	117
HP ProLiant G5	93.7	97	101	105	110	116	121	125	129	133	135

A proliferação de CPUs multi-core e as tecnologias de virtualização permitiram que os servidores modernos fossem equipados com grandes volumes de memória que começaram a dominar o consumo de energia de um servidor [42].

Assim, desenvolver um modelo analítico de consumo de energia para esses sistemas é uma tarefa difícil. Por conseguinte, em vez de desenvolver um novo modelo, utilizámos dados reais sobre o consumo de energia para este tipo de sistema, fornecidos pelo parâmetro de referência SPECpower [43] [44].

Escolhemos duas configurações de servidor com as CPUs dual-core publicadas em fevereiro de 2011: (i) HP Proliant ML110 G4 (Intel Xeon 3040, 2 núcleos x 1860 MHz, 4GB), e (ii) HP Proliant ML110 G5 (Intel Xeon 3075, 2 núcleos x 2660 MHz, 4GB). As caraterísticas de consumo de energia são apresentadas na Tabela 3.1. A razão por detrás da escolha de sistemas dual-core é que a sobrecarga destes anfitriões pode ser efectuada com uma menor quantidade de carga de trabalho, o que nos ajudará a compreender o efeito da migração de VM na sobrecarga dos anfitriões.

3.2.3. Custo da migração de VM em direto

A transferência de uma VM entre dois anfitriões ocorre através da migração em direto sem a suspensão da VM. Durante a migração em tempo real, as VMs são afectadas por um curto período de inatividade.

A migração em direto provoca a degradação do desempenho das aplicações em execução na VM durante o período de migração. Voorsluys et al. [45] descobriram que a degradação do desempenho e o tempo de inatividade são determinados pelo comportamento da aplicação, uma vez que esta actualiza um certo número de páginas de memória durante a sua execução. Normalmente, a degradação do desempenho das aplicações Web, com cargas de trabalho variáveis, é estimada em 10% da utilização da CPU para o tempo de inatividade das VMs. A duração da migração da VM é o rácio entre a quantidade total de memória atribuída à VM e a largura de banda total da rede disponível para a VM. A duração da migração da VM e a degradação total do desempenho devido à migração da VM são ilustradas em (5) e (6), respetivamente.

$$T_{m_j} = \frac{M_j}{B_j} \quad (5)$$

Em que T_{m_j} é a duração da migração; M_j é o tamanho da memória a utilizar por VM_j ; e B_j é a largura de banda de rede disponível para . VM_j

$$U_{d_j} = 0.1 \int_{t_0}^{t_0+T_{m_j}} u_j(t)dt \quad (6)$$

em que U_{d_j} é a degradação total do desempenho devido a VM_j; t_0 é a hora de início da migração da VM; $u_j(t)$ é a utilização da CPU por . VM_j

3.2.4. Métricas de violação de SLA

Satisfazer as necessidades de QoS surgiu como um grande desafio nesta era de concorrência. Trata-se de um critério importante, uma vez que os utilizadores podem mudar de fornecedor de serviços de computação em nuvem se não conseguirem cumprir o SLA prometido. O aprovisionamento excessivo dos recursos provoca a violação do SLA.

O SLA deve ser definido de forma a permanecer independente da carga de trabalho, uma vez que esta varia com o tempo num cenário em tempo real. Anton Beloglazov et al. [41] propuseram duas métricas para medir a violação do SLA:

(i) Tempo de violação do SLA por anfitrião ativo (SLATAH)

O SLATAH é definido como a percentagem de tempo durante o qual os anfitriões activos tiveram uma utilização de 100%. Pode ser ilustrado matematicamente como definido em (7).

$$SLATAH = \frac{1}{N}\sum_{i=1}^{N}\frac{T_{s_i}}{T_{a_i}} \quad (7)$$

onde é o número de anfitriões contidos no centro de dados; T_{s_i} é o tempo total durante o qual o anfitrião experimenta 100% de utilização, o que leva à violação do SLA; T_{a_i} é o tempo total do anfitrião durante o qual permanece no estado ativo para servir as VMs.

(ii) Degradação do desempenho devido à migração (PDM)

A PDM é definida como a degradação global do desempenho das VMs devido às migrações em direto. Pode ser ilustrado matematicamente como definido em (8).

$$PDM = \frac{1}{M}\sum_{j=1}^{M}\frac{C_{d_j}}{C_{r_j}} \quad (8)$$

onde é o número de VMs; C_{d_j} é o custo estimado da degradação da VM j devido a migrações; C_{r_j} é a capacidade total de CPU solicitada pela VM j durante o seu tempo de vida.

A métrica combinada que inclui a degradação do desempenho devido a ambos os factores, ou seja, sobrecarga do anfitrião e devido a migrações de VM, denotada por violação do SLA (SLAV), é definida em (9) como:

$$SLAV = SLATAH \times PDM \quad (9)$$

3.3. Heurística adaptativa para consolidação dinâmica de VMs

De acordo com a análise apresentada nas secções 3.1 e 3.2, Beloglazov et al. [41] sugeriram as políticas Median Absolute Deviation (MAD) e Random Choice Selection (RS), heurísticas adaptativas, para a consolidação dinâmica de VMs para otimizar a eficiência do hardware de modo a reduzir o consumo de energia.

A consolidação dinâmica das VMs baseia-se na análise estatística dos dados históricos sobre a utilização de recursos pelas VMs. O problema da consolidação dinâmica de VMs pode ser dividido em quatro partes:

3.3.1. Para determinar quando um host é considerado sobrecarregado e requer a migração de uma ou mais VMs desse host.

(ii) Determinar quando um anfitrião é considerado subcarregado e requer a migração de uma ou mais VMs desse anfitrião, o que leva a tomar a decisão de mudar o anfitrião para o modo de suspensão.

(iii) Seleção de VMs que devem ser migradas de um anfitrião sobrecarregado.

(iv) Encontrar uma nova colocação das VM selecionadas para migração a partir do anfitrião sobrecarregado e subcarregado.

O algoritmo geral de colocação de VMs optimiza a atribuição de VMs da seguinte forma: Primeiro, verifica-se se todos os anfitriões estão sobrecarregados através do algoritmo de deteção de sobrecarga.

Se se verificar que algum dos anfitriões está sobrecarregado, as VMs são selecionadas para migração utilizando a política de seleção de VMs. Uma vez criada a lista de VMs a migrar, o algoritmo de colocação de VMs é invocado para encontrar a nova colocação das VMs. O mesmo processo é repetido para o anfitrião subcarregado utilizando a política de deteção de subcarga e a colocação das VMs é encontrada invocando novamente o algoritmo de colocação de VMs.

3.3.1. Deteção de sobrecarga do anfitrião: MAD

Para um conjunto de dados univariados $X_1, X_2, X_3, \ldots\ldots X_n$, o DMA pode ser definido como a mediana:

$$MAD = median_i(|X_i - median_j(X_j)|) \quad (10)$$

Isto significa que o desvio absoluto dos dados em relação à mediana dos dados é calculado em primeiro lugar. A mediana destes valores absolutos é designada por mediana absoluta (MAD). O limiar de utilização para a utilização do anfitrião é definido em (11).

$$T_u = 1 - s.MAD \quad (11)$$

Onde $s \in R^+$ é um parâmetro do método que define o grau de agressividade com que o sistema consolida as VMs. É chamado de parâmetro de segurança, pois permite o ajuste da segurança do método. Quanto menor o valor de s, menor será o consumo de energia, mas maior será a violação do SLA causada pela consolidação da VM. Além disso, o nível de limiar é dinâmico e depende do nível de utilização anterior dos anfitriões. Por conseguinte, é referido como uma heurística adaptativa.

3.3.2. Deteção de sobrecarga do anfitrião

Para a deteção de anfitriões subcarregados, foi adoptada uma abordagem simples. Em primeiro lugar, as VMs são selecionadas para migração a partir de anfitriões sobrecarregados através do algoritmo de deteção de sobrecarga para atribuir um anfitrião de destino às VMs selecionadas.

Em seguida, o sistema encontra o anfitrião menos utilizado comparando-o com a utilização de outros anfitriões e tenta acomodar as VMs do anfitrião menos utilizado noutros anfitriões de forma a que estes não fiquem sobrecarregados.

3.3.3. VM Seleção: RS

Depois de decidir que o anfitrião está sobrecarregado, o passo seguinte consiste em selecionar VMs específicas para migrar do anfitrião que foi declarado sobrecarregado. Após a seleção das VMs, o anfitrião é novamente verificado para determinar se continua ou não sobrecarregado. Se se verificar novamente que está sobrecarregado, a política de seleção de VM é novamente executada. Este processo continua até o anfitrião deixar de estar sobrecarregado.

A política de Seleção por Escolha Aleatória (RS) seleciona uma VM a migrar de acordo com uma variável aleatória discreta uniformemente distribuída, como se mostra em (12).

$$X \stackrel{d}{=} U(0, V_j) \tag{12}$$

Os valores de X indexam um conjunto de VMs Vj atribuídas ao anfitrião .

3.3.4. Colocação de VMs

O problema de colocação de VMs é modelado como um problema de empacotamento de caixas com tamanhos e preços variáveis. As caixas representam anfitriões físicos e os itens são considerados VMs que têm de ser alocadas. Os tamanhos dos contentores são as capacidades de CPU disponíveis nos anfitriões e os preços correspondem ao consumo de energia eléctrica pelos anfitriões.

O problema de empacotamento em compartimentos é um problema NP-Difícil.). Não são permitidos mais do que $11/9 \cdot OPT + 1$ bins, em que OPT é o número de bins fornecido por é fornecida pela solução óptima [46]. Além disso, todas as VMs são ordenadas por ordem decrescente da sua utilização atual da CPU e cada VM é atribuída ao anfitrião que proporciona o menor aumento do consumo de energia causado pela atribuição.

3.4. Problema com as políticas de RS

Realizámos um estudo de nível geral para a nossa investigação e encontrámos as seguintes deficiências na política de RS do algoritmo MADRS, conforme ilustrado abaixo:

Durante a execução do algoritmo de colocação de VM, os anfitriões são selecionados para serem sobrecarregados pela política MAD.

Se o anfitrião estiver sobrecarregado, a política de seleção de VM selecionará uma VM da lista de VMs disponíveis nesse anfitrião específico para migrar para outro local. A seleção da VM para migração a partir da lista de VMs é feita de acordo com um número aleatório uniforme discreto gerado. O número gerado será tratado como o índice da lista de VMs e a VM nesse índice da lista será selecionada para a migração para que o anfitrião não fique sobrecarregado. Este número aleatório gerado não implica qualquer lógica e, por conseguinte, constitui um problema com esta política.

3.5. Soluções propostas: MADLVF

Propomos a seguinte heurística a ser tida em consideração para a atribuição eficiente de VMs para reduzir ainda mais o consumo de energia, mantendo toda a configuração do problema como anteriormente:

(i) Assumimos que a CPU é um recurso escasso e que uma VM é a menos exigida em termos de CPU pela VM entre outras VMs num host físico. Considera-se que os hosts estão sobrecarregados apenas em termos de utilização da CPU.

(ii) A heurística proposta tentará reduzir o fosso entre o limiar de utilização e a utilização efectiva do anfitrião devido às máquinas virtuais colocadas nesse anfitrião específico. Tendo em mente o mesmo ponto de vista, tentar-se-á migrar uma VM para reduzir a carga mínima do anfitrião, de modo a que este possa ser utilizado tanto quanto possível, mas abaixo do limiar de utilização do anfitrião.

(iii) O algoritmo MADLVF verifica se cada anfitrião está sobrecarregado utilizando a política MAD (tal como definido na secção 3.3.1).

(iv) Se se verificar que um determinado anfitrião está sobrecarregado, será preparada uma lista de VMs em execução nesse anfitrião específico. A lista de VMs será ordenada por ordem crescente de requisitos de CPU das VMs num hospedeiro físico. Em seguida, a VM com o menor requisito de CPU, disponível no índice O da lista, será selecionada para migração. O processo continuará até que o host não fique sobrecarregado.

3.6. Declaração do problema

O objetivo deste livro é implementar o algoritmo (MADLVF) para dar solução aos problemas identificados no algoritmo MADRS, ilustrados na secção 3.4. MADLVF significa Median Absolute Deviation-Least VM in MIPS First (Desvio Absoluto Mediano-Menor VM em MIPS Primeiro).

Como o seu nome indica, um anfitrião pode manter a sua utilização abaixo do limiar de utilização calculado pela política MAD utilizando (11). Se a utilização do anfitrião for superior a T_u , então uma ou mais VMs têm de ser migradas deste anfitrião e têm de ser acomodadas noutros anfitriões, mantendo a sua utilização abaixo do nível do limiar de utilização.

A outra parte do problema diz respeito à seleção da VM para migração do anfitrião considerado sobrecarregado. As VMs serão selecionadas para migração utilizando a política LVF (ou seja, Least VM in MIPS ou CPU First). A MAD e a LVF são aplicadas repetidamente no anfitrião sobrecarregado até que o anfitrião deixe de estar sobrecarregado. Por outro lado, quando o host é utilizado o mínimo possível entre todos os hosts, ele será tratado como o host subcarregado e todas as VMs serão migradas do host imediatamente. O desenho da solução pode ser representado pelo fluxograma mostrado na figura 3.3.

Além disso, este trabalho analisa as modificações acima no algoritmo MADRS no kit de ferramentas CloudSim, que é um simulador baseado em Java. São necessárias algumas modificações no próprio simulador para testar o desempenho da heurística adoptada, o que também faz parte deste livro.

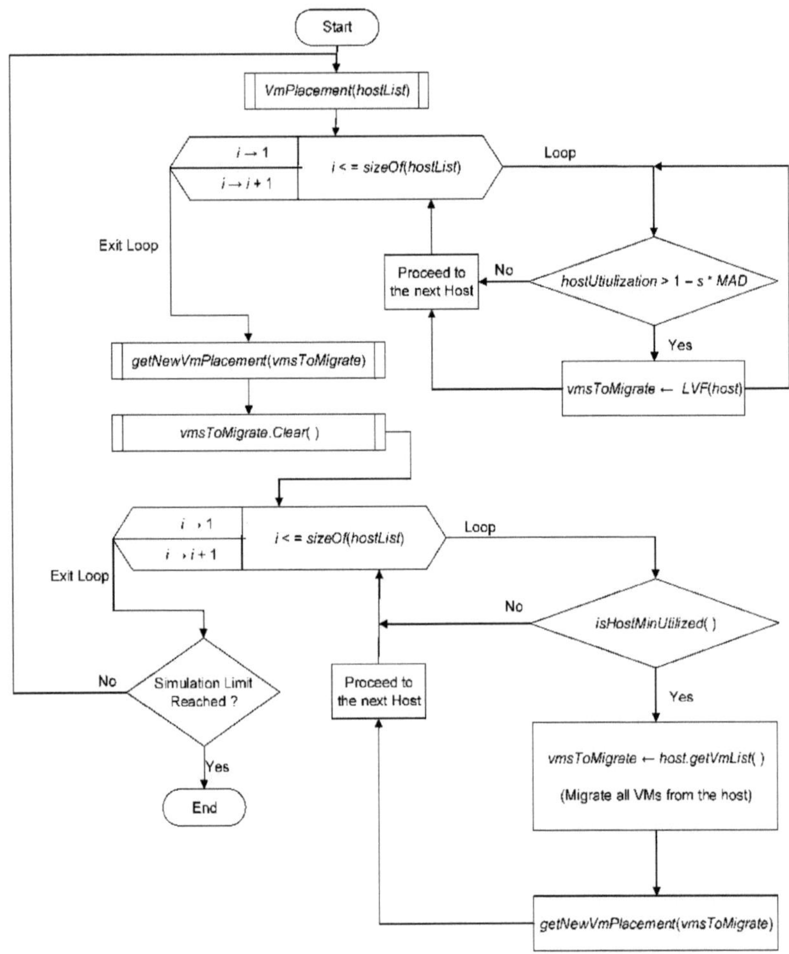

Figura 3.3: Fluxograma da conceção da solução

CAPÍTULO 4

Simulação e análise

".... Mas, depois de observar e analisar, quando descobrires que algo está de acordo com a razão e é conducente ao bem e ao benefício de todos, então aceita-o e vive de acordo com ele."

- Gautama Buda

4.1. Introdução

A computação em nuvem é o sonho há muito acalentado da computação como um serviço público. A computação em nuvem fornece infra-estruturas, plataformas e software como um serviço.

Estes serviços são disponibilizados como serviços baseados em subscrição, mediante pagamento consoante a utilização. Estes serviços são designados por Infraestrutura como Serviço (IaaS), Plataforma como Serviço (PaaS) e Software como Serviço (SaaS), respetivamente.

A computação em nuvem visa alimentar a próxima geração de centros de dados, expondo-os como uma rede de serviços virtuais (hardware, lógica de aplicação, base de dados e interface com o utilizador), de modo a que o utilizador possa aceder e implantar aplicações a partir de qualquer parte do mundo, a pedido, a custos muito competitivos, em função dos requisitos de QoS dos utilizadores [47].

Algumas das aplicações emergentes baseadas na computação em nuvem são as redes sociais, o alojamento Web, a distribuição de conteúdos e o processamento de dados instrumentados em tempo real. Essas aplicações podem ter diferentes requisitos de composição, configuração e implantação.

É extremamente difícil quantificar o desempenho das políticas de programação e atribuição num ambiente de trabalho em nuvem para diferentes aplicações e modelos de serviço em diferentes condições.

Uma das razões para tal é a variação dos padrões de procura e de oferta e a dimensão dos sistemas nas nuvens. Outra razão subjacente é a procura heterogénea e competitiva de QoS por parte dos utilizadores.

Além disso, as condições prevalecentes nos ambientes baseados na Internet estão fora do controlo dos criadores de algoritmos de atribuição de recursos e de programação de aplicações.

A instalação de um novo hardware e o desenvolvimento de aplicações baseadas na computação em nuvem exigem um enorme esforço económico e podem não garantir o êxito da implantação.

Uma forma alternativa de ultrapassar os problemas subjacentes é a utilização de uma ferramenta de simulação que abre a possibilidade de avaliar uma hipótese antes da implantação de software ou hardware onde os testes possam ser reproduzidos.

O 'CloudsSim' é uma estrutura de simulação extensível e generalizada que permite a modelação, a simulação e a experimentação de infra-estruturas de computação em nuvem emergentes e de serviços de aplicações [48]. A principal vantagem de usar o CloudSim é para testes iniciais de desempenho:

(i) Eficácia em termos de tempo: Requer muito menos esforço e tempo para implementar um ambiente de teste de aprovisionamento de aplicações baseadas na nuvem; e
(ii) Flexibilidade e aplicabilidade: Os programadores podem modelar e testar o desempenho do seu serviço de aplicação em ambientes de nuvem heterogéneos com pouco esforço de programação.

Rodrigo N. Calheiros et al em [48] discutiu sobre vários novos recursos oferecidos pelo CloudSim que são os seguintes:

(i) Suporte para modelação e simulação de ambientes de computação em nuvem de grande escala, incluindo centros de dados, num único nó de computação física.
(ii) Uma plataforma autónoma para modelação de nuvens, corretores de serviços, aprovisionamento e políticas de atribuição de recursos.
(iii) Suporte para simulação de ligações de rede entre os elementos do sistema simulado, e
(iv) Facilidade de simulação para ambiente de nuvem federada que interliga recursos de rede de domínios privados e públicos. Esta caraterística facilita à comunidade de investigação o teste de experiências de cloud-Burst e de escalonamento automático de aplicações.

4.2. Arquitetura do CloudSim

A funcionalidade do CloudSim pode ser bem compreendida visualizando-o como uma arquitetura em camadas, como mostrado na figura 4.1. Esta arquitetura em camadas é também referida como CloudSim Stack. Rodrigo N. Calheiros et al [48] discutiram em detalhes a especificação da pilha do CloudSim.

A camada CloudSim fornece suporte para modelagem de ambientes de data center virtualizados baseados em nuvem, várias interfaces dedicadas para gerenciamento de VMs, memória, armazenamento e largura de banda. Essas interfaces podem ser usadas para criar novas políticas inovadoras.

As principais questões são o provisionamento de hosts para VMs, a gestão da execução de aplicações e a monitorização do estado dinâmico do sistema, que são tratados por esta camada. Vários estudos relacionados à eficiência de diferentes políticas de alocação de hosts para VMs podem ser feitos pelos provedores de nuvem nessa camada.

A criação de perfis de carga de trabalho complexos e o estudo do desempenho das aplicações também podem ser feitos nesta camada.

A camada superior do CloudSim Stack é conhecida como User Codelayer, que permite a exposição de entidades básicas, como o número de máquinas físicas e as suas caraterísticas, as aplicações, ou seja, os cloudlets e os seus requisitos, as VM, o número de utilizadores e o tipo de aplicações que lhes são atribuídas, bem como as políticas de agendamento para o broker.

A camada mais baixa desta pilha, ou seja, o motor de simulação CloudSim Core, facilita o funcionamento das duas camadas anteriores.

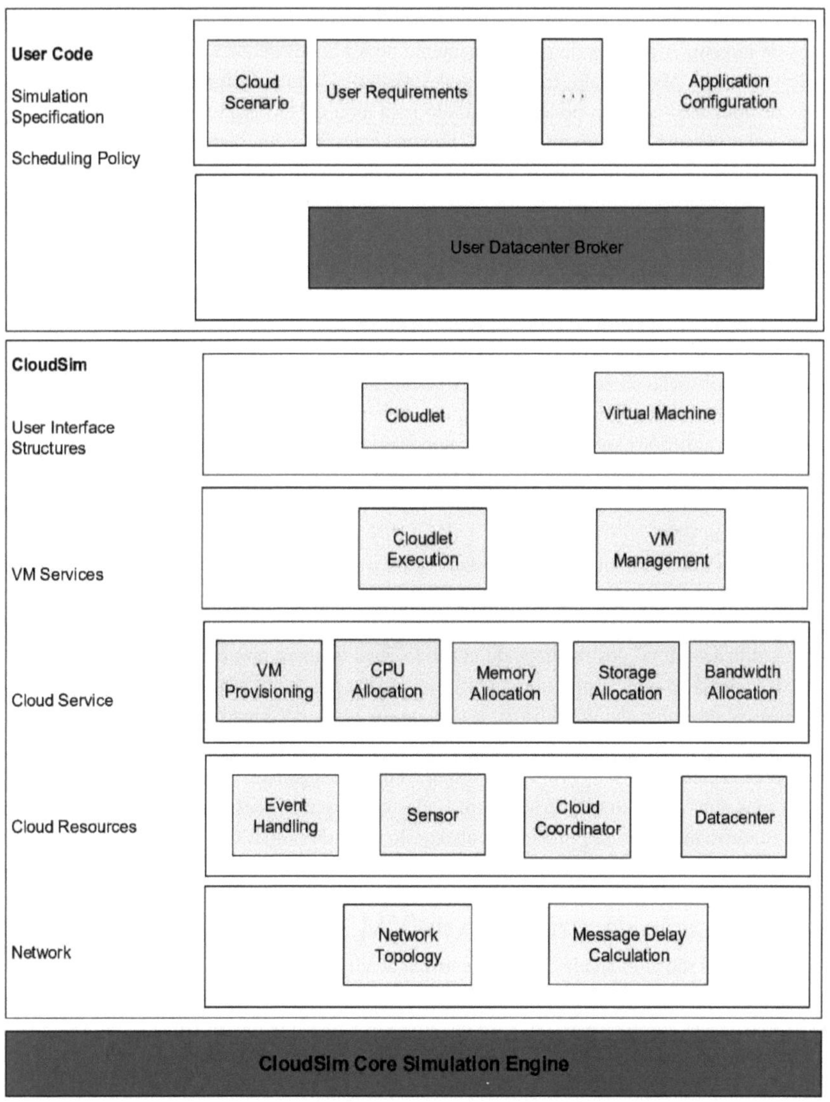

Figura 4.1: Arquitetura do CloudSim em camadas [48]

Algumas das funcionalidades básicas já estão definidas no CloudSim, que podem ser herdadas para códigos de programação recém-escritos para efetuar testes em cenários e configurações específicos para explorar novas políticas inovadoras. Por conseguinte, este quadro de simulação permite-nos, em todos os aspectos, desenvolver as melhores práticas relacionadas com a computação em nuvem.

4.3. Modelação da nuvem para o trabalho proposto

Um centro de dados contém um número de entidades de anfitrião. Os hosts podem ser atribuídos a uma ou mais VMs com base na política de alocação de VMs definida pelo provedor de serviços de nuvem. A política de provisionamento de VMs destina-se a operações relacionadas ao ciclo de vida das VMs (criação, migração e destruição). Da mesma forma, o provisionamento de serviços de aplicação também pode ser definido para uma única instância de VMs. Um datacenter pode gerenciar vários hosts que, por sua vez, podem gerenciar um número de VMs durante seu ciclo de vida. Um host no CloudSim representa um servidor de computação física na nuvem que é expresso por seus parâmetros como milhões de instruções por segundo (MIPS), armazenamento de memória e uma política de provisionamento para alocação de núcleos para VMs.

O CloudSim suporta o desenvolvimento de novos modelos de serviços de aplicativos que podem ser implantados nas instâncias de VM. Os novos serviços de aplicação modelados podem ser atribuídos a uma ou mais VMs pré-instanciadas através de uma política de alocação especificada. Cabe ao componente controlador de atribuição de VM (ou seja, VmAllocationPolicy) atribuir VMs específicas da aplicação ao anfitrião no centro de dados baseado na nuvem, com base em objectivos de otimização. Os núcleos de processamento são atribuídos aos anfitriões de acordo com a política de atribuição de anfitriões, que é tratada no componente Host
componente. O componente programador de VM também é instanciado no componente anfitrião, que se baseia numa política de partilha de espaço ou de partilha de tempo para atribuir núcleos de processamento às VM.

Considerámos um único centro de dados para o nosso estudo de simulação, que contém 800 entidades anfitriãs. O agendador de VMs considerado é baseado na política de tempo partilhado com a provisão de sobre-subscrição de VMs nos anfitriões. A sobre-subscrição de VMs nos anfitriões permite a utilização total dos recursos do anfitrião, mas também provoca uma taxa de violação do SLA mais elevada, o que resulta numa QoS mais baixa. Assim, a política MAD é adoptada para reduzir o nível de utilização do anfitrião e melhorar o SLA, definindo um limiar de utilização, tal como referido na secção 3.3.1. A política MAD impõe uma barreira ao nível de utilização dos anfitriões de acordo com o limite do limiar. Por conseguinte, as máquinas virtuais (VMs) provisionadas num anfitrião têm de ser acomodadas noutros anfitriões, o que provoca a migração de VMs para outros anfitriões que funcionem abaixo do nível de limiar. Os detalhes sobre a modelação do centro de dados para o nosso estudo de simulação foram discutidos na secção 4.8.

4.4. Modelação da atribuição de VM

As nuvens são alimentadas por uma camada de virtualização que facilita a execução, a gestão e o alojamento de serviços de aplicações, em comparação com as grelhas. A tecnologia de virtualização torna os recursos da nuvem poderosos, facilitando a capacidade de abstração computacional, ou seja, as VMs são isoladas no contexto do espaço de memória física e secundária. Ainda assim, é necessário partilhar os núcleos de processamento, bem como o barramento do sistema. Por conseguinte, a quantidade de hardware fornecida a cada VM é limitada pela capacidade total de processamento (MIPS) e pela largura de banda disponível para os anfitriões. Assim, VMs que demandam mais poder de processamento e largura de banda do que o disponível para o host devem ser evitadas durante o processo de provisionamento de VMs para diminuir a taxa de falha de serviço e violações de SLA O CloudSim fornece a facilidade de provisionamento de VMs nos dois níveis:

(i) Ao nível do anfitrião
(ii) Ao nível da VM

As políticas de aprovisionamento ao nível do anfitrião decidem que proporção dos recursos ao nível do anfitrião tem de ser atribuída às VMs aprovisionadas no anfitrião específico, enquanto as políticas de aprovisionamento ao nível da VM decidem que proporção dos recursos tem de ser atribuída à aplicação específica que corre no motor de execução das VMs. Para o nosso estudo de simulação, considerámos o aprovisionamento de VMs ao nível do anfitrião de forma partilhada no tempo com a provisão de sobre-subscrição de VMs nos anfitriões. Por conseguinte, a otimização do objetivo pretendido exige migrações de VM.

4.5. Dados de carga de trabalho

As aplicações implantadas em nuvens apresentam um comportamento dinâmico [49] em termos de padrões de carga de trabalho, disponibilidade de recursos e escalabilidade das exigências. Os principais fornecedores de nuvens oferecem a possibilidade de agrupamento ilimitado de recursos que podem atender a qualquer configuração solicitada. Portanto, é um aspeto importante de qualquer ambiente de simulação suportar a modelagem de padrões dinâmicos de carga de trabalho com base em aplicações ou modelos SaaS.

Tabela 4.1: Caraterísticas dos dados da carga de trabalho do PlanetLab (utilização da CPU)

Date	Number of VMs	Mean	St. dev.	Quartile1	Median	Quartile3
03/03/2011	1052	12.31%	17.09%	2%	6%	15%
03/04/2011	1463	12.39%	16.55%	2%	6%	17%

Para generalizar os resultados recolhidos através da simulação, é importante efetuar experiências utilizando uma carga de trabalho sintética e os traços de carga de trabalho obtidos a partir de um sistema real. Modelámos a carga de trabalho sintética de tamanho dinâmico (i.e. cloudlets) proporcional à duração da simulação. Os cloudlets da carga de trabalho sintética são modelados de forma a exigir apenas núcleos de processamento únicos. Os traços de carga de trabalho real são fornecidos como parte do projeto CoMon, que é na realidade uma infraestrutura de monitorização para o PlanetLab [50] Os servidores do PlanetLab estão localizados em mais de 500 locais em todo o mundo. Selecionámos aleatoriamente 2 dias para os vestígios do volume de trabalho, que são 3 de março de 2011 e 3 de abril de 2011. As caraterísticas dos traços de carga de trabalho são apresentadas na Tabela 4.1.

4.6. Modelação do consumo de energia do centro de dados

A computação em nuvem pode ser considerada como uma rede interligada de um grande número de anfitriões de computação e de armazenamento, na ordem dos milhões, para a prestação de serviços a pedido [51]. Essa infraestrutura tem também de ser ocupada por um grande sistema de arrefecimento. Toda a infraestrutura consome uma enorme quantidade de energia eléctrica e gera uma grande quantidade de energia térmica. A mesma infraestrutura tem também um custo operacional elevado. A adoção de técnicas de aprovisionamento sem caraterísticas de consciência energética pode resultar no sobreaquecimento dos recursos das nuvens. O sobreaquecimento dos recursos das nuvens reduz a fiabilidade do sistema e diminui o tempo de vida dos dispositivos. Outra questão preocupante é a elevada emissão de gases com efeito de estufa, que é prejudicial para o nosso ambiente, uma vez que contribui para o efeito de estufa. O ambiente é uma entidade global e essencial para todos os seres vivos. O efeito de estufa contribui para o aquecimento global que afecta gravemente quase todos os seres vivos e é por isso que é motivo de preocupação para todos nós. Todos estes problemas levam ao desenvolvimento de políticas de aprovisionamento dos recursos da nuvem que sejam eficientes do ponto de vista energético e que tenham em conta o consumo de energia.

O quadro CloudSim fornece alguns modelos básicos e entidades para avaliar e validar as técnicas de aprovisionamento com consciência energética implantadas na nuvem. Para facilitar esta tarefa, foram definidas várias extensões no quadro CloudSim. Também foram definidos vários modelos de consumo de energia e técnicas de gestão de energia nos anfitriões, como o DVFS, para o desenvolvimento de políticas conscientes em matéria de energia. O CloudSim contém APIs para calcular a utilização atual, o que permite o desenvolvimento de políticas com consciência energética baseadas no conhecimento em tempo real da dissipação de energia pelos componentes do sistema de nuvem.

O modelo de consumo de energia, adotado para efeitos do nosso estudo de simulação, foi discutido na secção 3.2.2.

4.7. Algoritmo proposto

De acordo com a discussão feita nas secções 3.4, 3.5 e 3.6 do Capítulo 3, apresentamos um algoritmo para a consolidação dinâmica de VMs com eficiência energética. Este algoritmo é utilizado para a otimização da colocação de VMs em nuvens para ganhar eficiência energética. O algoritmo é apresentado no Algoritmo 1.

Algorithm 1: MADLVF

```
Input: hostList Output: migrationMap
foreach host in hostList do
        if (hostUtilization > (1 − s · MAD)) then
            vmsToMigrate.add(LVF(host))
migrationMap.add(getNewVmPlacement(vmsToMigrate))
vmsToMigrate.clear()
foreach host in hostList do
        if (isHostMinUtilized(host)) then
            vmsToMigrate.add(host.getVmList())
migrationMap.add(getNewVmPlacement (vmsToMigrate))
return migrationMap
```

4.8. Instalação experimental

Neste livro, o nosso objetivo é uma infraestrutura IaaS. IaaS é um ambiente de computação em nuvem que supostamente cria uma visão de recursos infinitos de computação. É essencial avaliar o algoritmo de aprovisionamento de recursos proposto numa infraestrutura virtualizada de grande escala. No entanto, é extremamente difícil realizar repetidamente as experiências em grande escala num ambiente real. Por isso, optámos pela simulação como forma de garantir a repetibilidade da experiência para o algoritmo proposto (MADLVF), que é uma melhoria em relação ao algoritmo existente (MADRS).

O conjunto de ferramentas CloudSim [52] foi escolhido como plataforma para a simulação. Este simulador fornece um quadro de simulação moderno para o ambiente de computação em nuvem.

O CloudSim foi escolhido pelo facto de suportar a simulação relacionada com o consumo de energia. Permite a modelação e a simulação de sistemas conscientes do consumo de energia, incluindo aplicações de serviços com carga de trabalho dinâmica.

Simulámos uma infraestrutura de grande escala que inclui 800 anfitriões físicos. Estes anfitriões estão alojados numa única unidade de centro de dados. Considerámos um ambiente heterogéneo que inclui 400 anfitriões do tipo servidores HP Proliant ML 110 G4 e 400 anfitriões do tipo servidores HP Proliant ML 110 G5 de um total de 800 anfitriões. Os dados relativos ao seu consumo de energia são apresentados na Tabela 3.1.

O HP Proliant ML110 G4 e o HP Proliant ML110 G5 têm uma classificação MIPS de 1860 e 2660, respetivamente. Cada um dos servidores é modelado para suportar uma largura de banda de rede de 1GB/s.

As VMs são modeladas de forma correspondente às VMs do tipo instância Amazon EC2, com a exceção de uma caraterística: as VMs são do tipo núcleo único. Inicialmente, a atribuição de VMs é efectuada de acordo com os seus requisitos de recursos. No entanto, no decurso da simulação, as máquinas virtuais necessitam de menos recursos em função dos dados da carga de trabalho. Assim, abre-se a porta à consolidação dinâmica das VM.

Mantivemos o limite de simulação de 1 hora a 24 horas para captar o padrão horário de várias métricas, conforme referido nas secções 3.2.4 e 4.9. Ao contrário dos traços do PlanetLab, conforme referido na secção 4.5, utilizámos dois tipos de carga de trabalho sintética: (i) Para 1052 VMs (ii) 1463 VMs. Por conseguinte, cada política será executada em quatro tipos de carga de trabalho: dois deles são para a carga de trabalho sintética e os restantes dois para os traços do PlanetLab.

Por conseguinte, a nossa simulação será executada num intervalo de 1 hora a 24 horas para cada política em relação a cada carga de trabalho. Por conseguinte, o número total de iterações para uma única política será de 96 iterações. Por conseguinte, o número total de iterações para ambas as políticas será de 192 iterações. Comparámos os resultados das políticas de aprovisionamento MADRS e MADLVF, que são apresentados na secção 4.12.

4.9. Métricas de desempenho

Adoptámos várias métricas propostas por Anton Beloglazov et al. [41] no seu trabalho. Estas métricas são: consumo de energia, SLAV, SLATH, PDM e ESV, número de migrações de VM pelo gestor de VM devido à adaptação da colocação de VM durante cada período de tempo. A métrica de consumo de energia foi analisada na secção 3.2, enquanto o SLAV, o SLATH e o PDM foram analisados na secção 3.2.4. O consumo de energia e o SLAV são as principais métricas e estão negativamente correlacionados. A correlação negativa deve-se ao facto de o consumo de energia poder ser reduzido à custa de um aumento das violações do SLA. Assim, o objetivo principal é minimizar ambas as métricas. O ESV é outra métrica que é uma métrica combinada para captar o impacto de ambas as métricas em conjunto e pode ser definida como em

(15).

$$ESV = E \times SLAV \quad (13)$$

4.10. Valores dos parâmetros utilizados na simulação

Para a simulação da infraestrutura, tal como referido na secção 4.8, efectuámos as seguintes definições para o nosso simulador. Estas variáveis podem ser descritas pelas suas notações habituais e são definidas no CloudSim com o mesmo pseudónimo.

4.10.1. Constantes globais

SIMULATION_LIMIT	Upto 24 Hour
SCHEDULING_INTERVAL	300 Sec
NO_OF_HOST	800
CLOUDLET_LENGTH	2500* SIMULATION_LIMIT (For synthetic workload)
CLOUDLET_UTILIZATION_SEED	1

4.10.2. Parâmetros do centro de dados

arch	x86 //System Architecture
os	Linux //Operating System
Vmm	Xen //Type of Hypervisor
Time_zone	10.0 //Geographical location
Cost	3.0 //Cost of computation
CostPerMem	0.05 //Cost of Memory
CostPerStorage	0.001 // Cost of Storage
CostPerBw	0.0 //Cost of Bandwidth

4.10.3. Parâmetros do anfitrião

HOST_TYPES	2
HOST_MIPS	{1860, 2660}
HOST_PES	{2, 2}
HOST_RAM	{4096, 4096}
HOST_BW	1 Gbit/s
HOST_POWER	{PowerModelSpecPowerHpProLiant Ml110G4Xeon3040, PowerModelSpecPowerHpProLiant Ml110G5Xeon3075}

4.10.4. Parâmetros VM

VM_TYPES	4
VM_MIPS	{2500, 2000, 1000, 500}
VM_PES	{1, 1, 1, 1}
VM_RAM	{870, 1740, 1740, 613}
VM_BW	100 Mbits/s
VM_SIZE	2.5 GB

4.11. Pressupostos

Para efetuar o nosso estudo de simulação, partimos dos seguintes pressupostos

(i) A capacidade da CPU do anfitrião em termos de MIPS foi assumida como um recurso escasso.

(ii) Outros recursos do anfitrião, como o número de núcleos de processamento e a largura de banda, são considerados suficientes para efetuar o estudo de simulação.

(iii) Assumiu-se que o armazenamento do anfitrião está infinitamente disponível.

(iv) Não considerámos as causas de sobrecarga devidas à migração de VMs.

4.12. Resultados e análise da simulação

Efectuámos uma simulação exaustiva para ambos os algoritmos MADLVF, o proposto, e MADRS, o existente. Concebemos um total de 192 casos de teste para o nosso estudo, tal como mencionado na secção 4.8. Considerámos o intervalo de simulação de 1 hora a 24 horas para cada carga de trabalho em relação a uma política. Este intervalo foi decidido com o objetivo de captar o padrão horário de várias métricas, tal como referido nas secções 3.2.4 e 4.9.

Cada um dos algoritmos foi testado em quatro tipos de cargas de trabalho: uma carga de trabalho sintética com um número total de VMs de 1052, uma carga de trabalho sintética com um número total de VMs de 1463, uma carga de trabalho real que exige um número total de VMs de 1052 e uma carga de trabalho real que exige um número total de VMs de 1463. Para cada carga de trabalho, realizámos um total de 24 iterações da simulação. Assim, para um único algoritmo, realizámos um número total de iterações 4 x 24 = 96 iterações para a simulação. Por conseguinte, o número total de casos de teste deveria ser 192.

Calculámos os resultados para as duas políticas, nomeadamente, Median Absolute Deviation-Random Choice Selection (MAD-RS-2.5), Median Absolute DeviationLeast VM in MIPS First (MAD-LVF-2.5). O valor numérico 2,5 é o valor do parâmetro de segurança, tal como referido na secção 3.3.1. O valor ótimo do parâmetro de segurança é escolhido como sendo 2,5 após um exercício de regressão. Os resultados da simulação são apresentados na Tabela 4.2, Tabela 4.3, Tabela 4.4 e Tabela 4.5.

Cada uma das iterações da simulação produz valores das quatro métricas, nomeadamente, energia, SLATAH, PDM e número de migrações de VM. O SLAV será calculado de acordo com a relação mencionada em (9) na secção 3.2.4, enquanto o ESV será calculado de acordo com a relação mencionada em (13) na secção 4.9. Listámos os resultados recolhidos através de um período de simulação de apenas 24 horas (iteração única), mas os resultados apresentados nos gráficos baseiam-se em períodos de simulação de 1, 2, 3 ... até 24 horas.

Os resultados estão listados nos quadros 4.2, 4.3, 4.4 e 4.5, sendo que cada um deles é seguido pelos gráficos correspondentes para as seis métricas, tal como referido nas secções 3.2.4 e 4.9.

Tabela 4.2: Resultados da simulação para carga de trabalho sintética (Anfitrião = 800, VM = 1052, SIMULATION_LIMIT = 24 horas)

Policy	Energy (kWh)	ESV	PDM %	SLATAH %	SLAV	VM migr.
MADRS	866.97	2,255.25	0.23	11.31	2.60	9,3573
MADLVF	809.05	2,883.78	0.28	12.73	3.56	7,1550

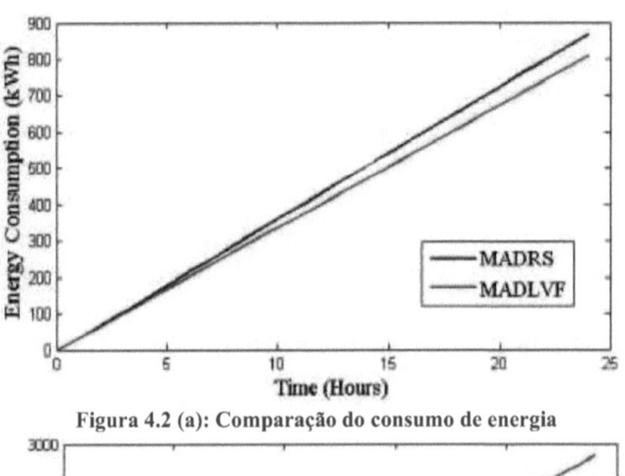

Figura 4.2 (a): Comparação do consumo de energia

Figura 4.2 (b): Comparação da métrica ESV

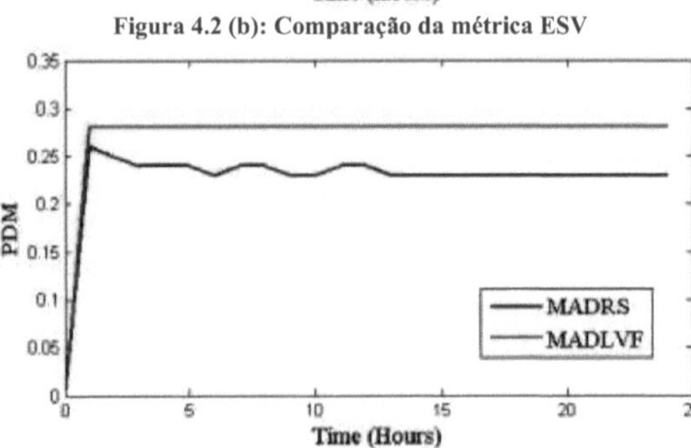

Figura 4.2 (c): Comparação da métrica PDM

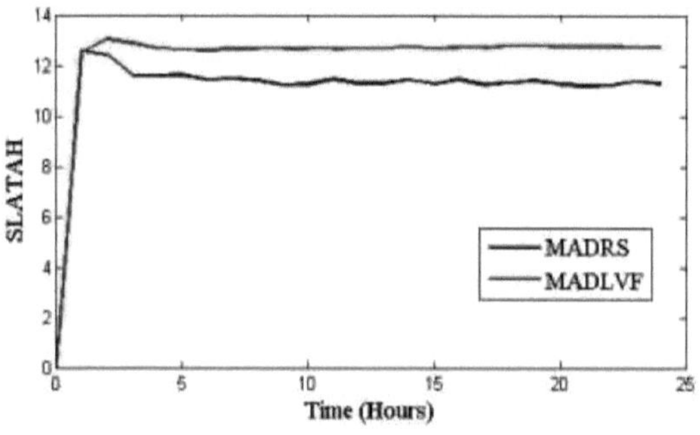

Figura 4.2 (d): Comparação da métrica SLATAH

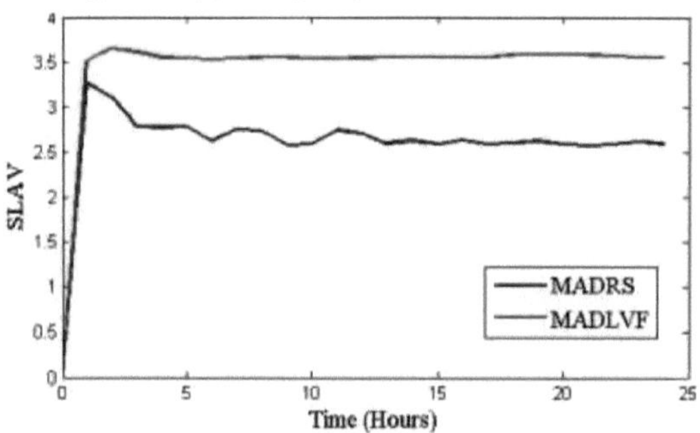

Figura 4.2 (e): Comparação da métrica SLAV

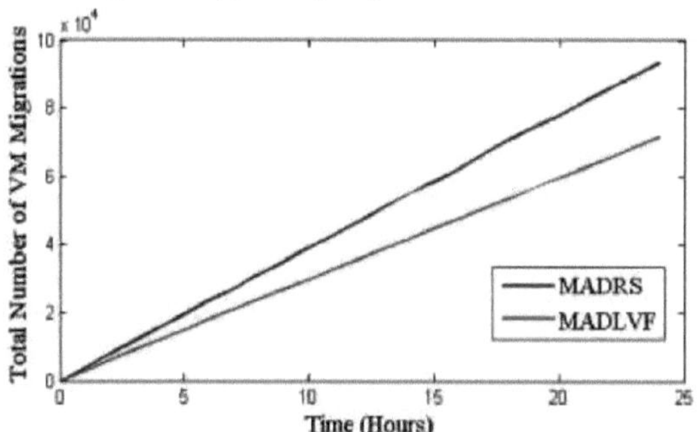

Figura 4.2 (f): Comparação de migrações de VMs

Figura 4.2: (a) (f). Resultados da simulação para carga de trabalho sintética

Tabela 4.3: Resultados da simulação para carga de trabalho sintética (Anfitrião = 800, VM = 1463, SIMULATION_LIMIT = 24 horas)

Policy	Energy (kWh)	ESV	PDM %	SLATAH %	SLAV	VM migr.
MADRS	1,066.89	6,278.43	0.32	18.39	5.88	1,55,389
MADLVF	998.64	4,413.99	0.26	17.00	4.42	9,8980

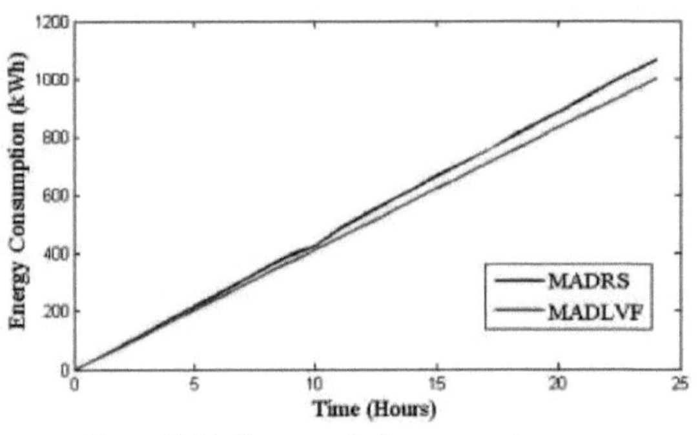

Figura 4.3 (a): Comparação do consumo de energia

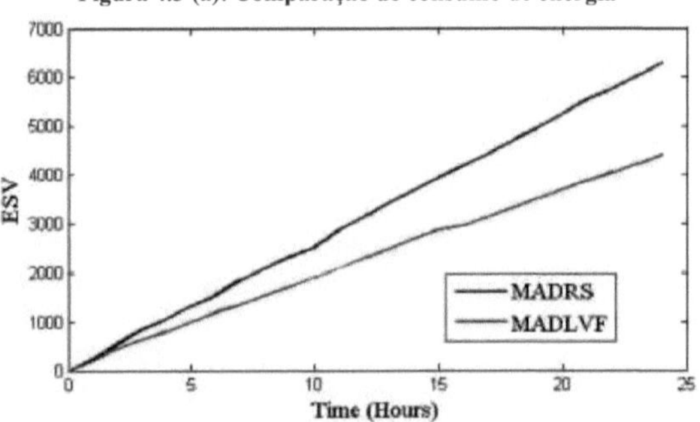

Figura 4.3 (b): Comparação da métrica ESV

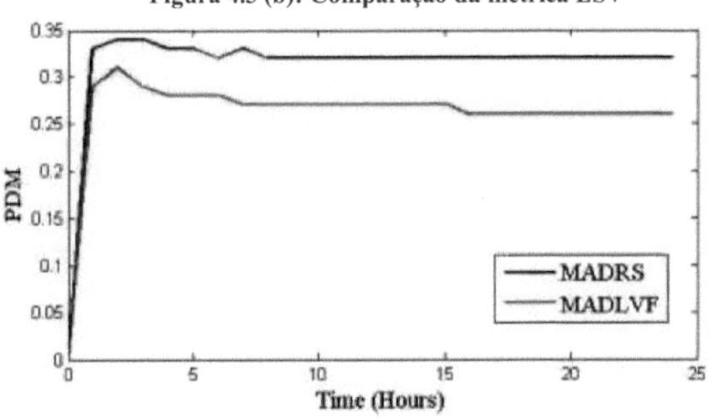

Figura 4.3 (c): Comparação da métrica PDM

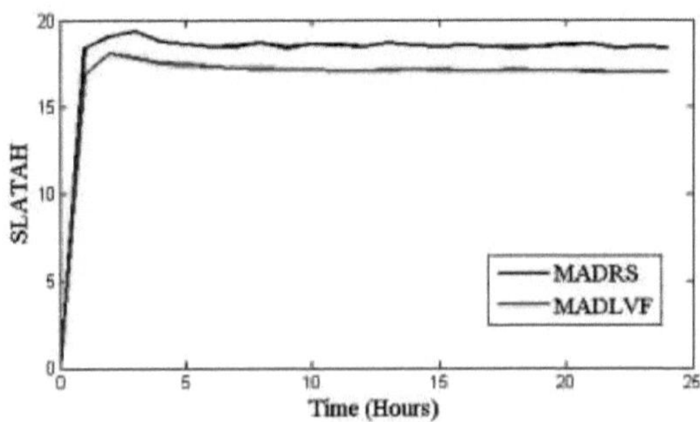

Figura 4.3 (d): Configuração da métrica SLATAH

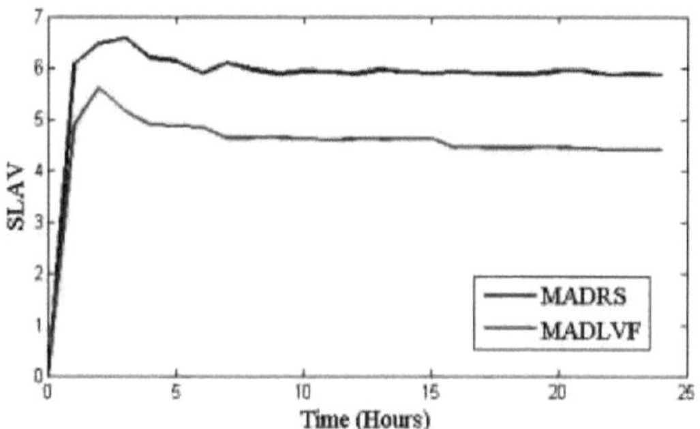

Figura 4.3 (e): Comparação da métrica SLAV

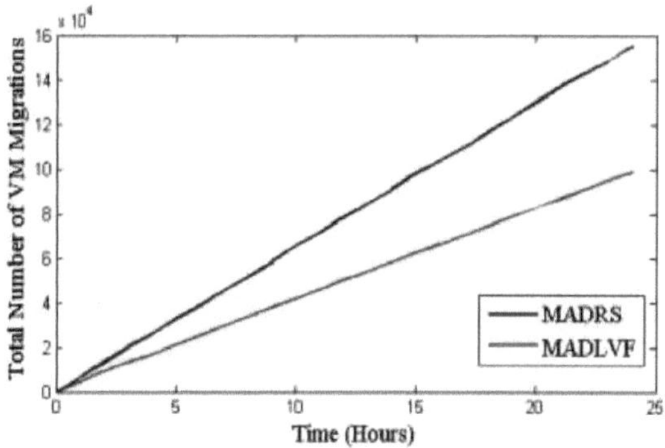

Figura 4.3: (a) (f). Resultados da simulação para carga de trabalho sintética

Tabela 4.4: Resultados da simulação para os registos do PlanetLab de 03/03/2011 (Anfitrião = 800, VM = 1052, SIMULATION_LIMIT = 24 horas)

Policy	Energy (kWh)	ESV	PDM %	SLATAH	SLAV	VM migr.
MADRS	69.46	40.51	0.08	7.29	0.58	12,465
MADLVF	56.76	49.88	0.13	6.67	0.88	9,757

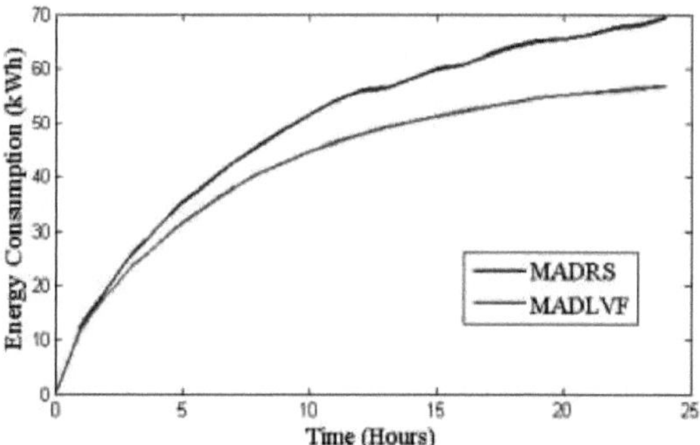

Figura 4.4 (a): Comparação do consumo de energia

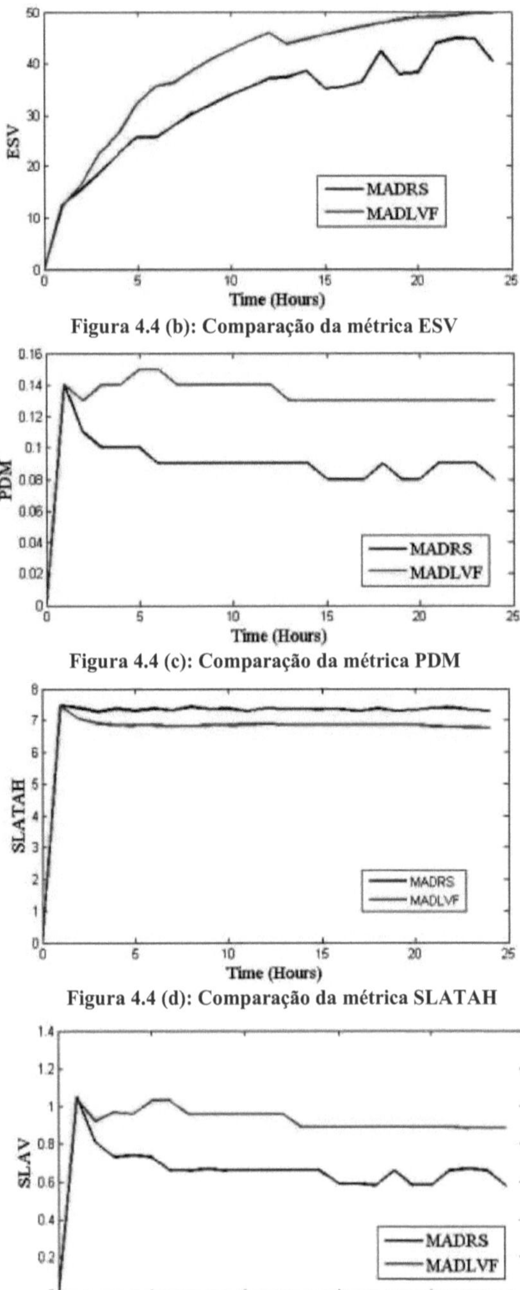

Figura 4.4 (b): Comparação da métrica ESV

Figura 4.4 (c): Comparação da métrica PDM

Figura 4.4 (d): Comparação da métrica SLATAH

Figura 4.4 (e): Comparação da métrica SLAV

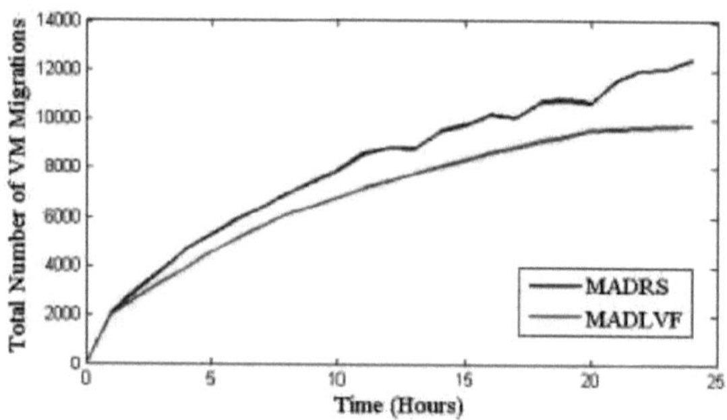

Figura 4.4 (f): Comparação de migrações de VMs

Figura 4.4: (a) (f). Resultados da simulação para os traços da carga de trabalho do PlanetLab de 03/03/2011 com Host = 800, VM = 10452

Tabela 4.5: Resultados da simulação para o PlanetLab de 03/04/2011 (Anfitrião = 800, VM = 1463, SIMULATION_LIMIT = 24 horas)

Policy	Energy (kWh)	ESV	PDM %	SLATAH	SLAV	VM migr.
MADRS	94.29	54.84	0.08	7.29	0.58	15,591
MADLVF	81.63	65.34	0.12	6.67	0.80	12,654

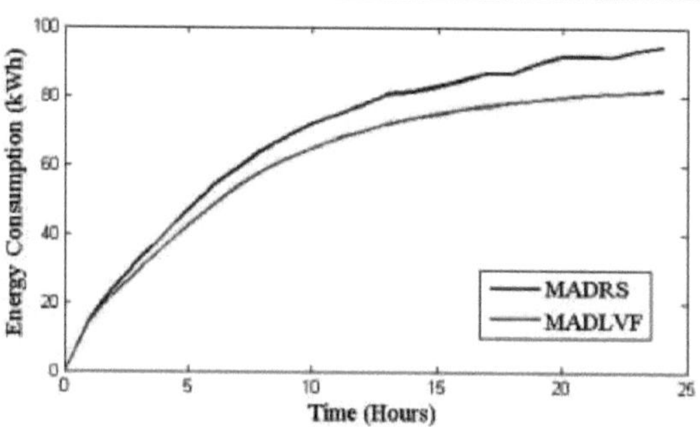

Figura 4.5 (a): Comparação do consumo de energia

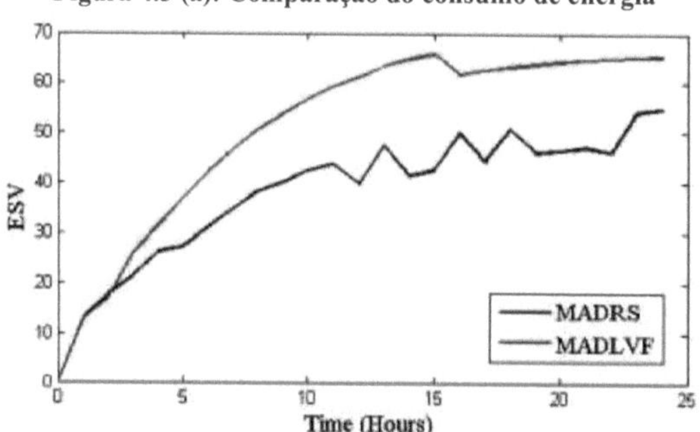

Figura 4.5 (b): Comparação da métrica ESV

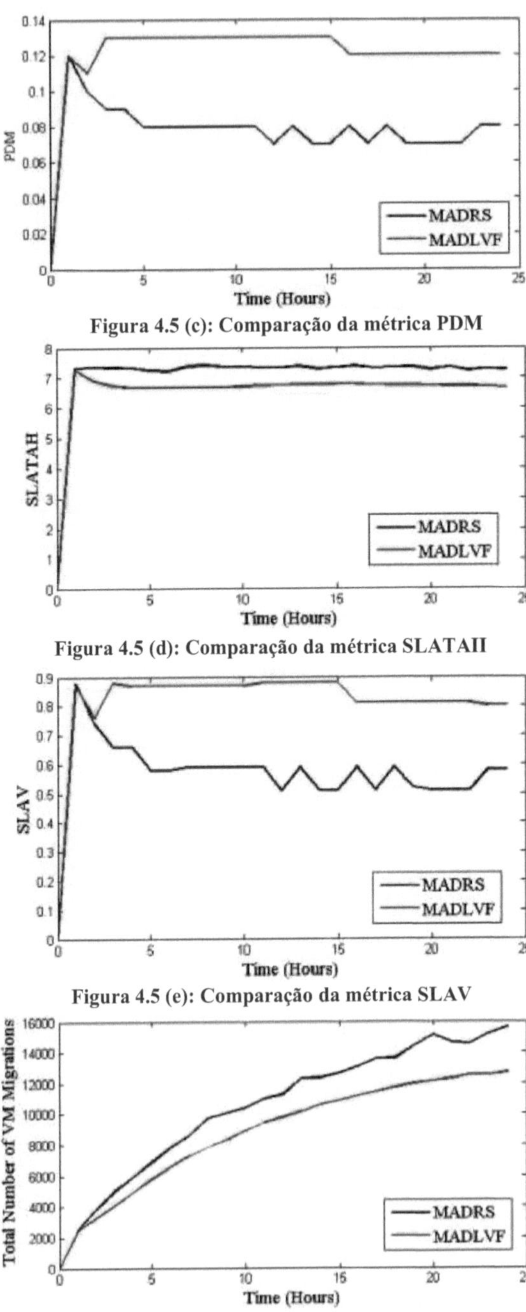

Figura 4.5 (c): Comparação da métrica PDM

Figura 4.5 (d): Comparação da métrica SLATAH

Figura 4.5 (e): Comparação da métrica SLAV

Figura 4.5 (f): Comparação de migrações de VMs

Figura 4.5: (a) (f). Resultados da simulação para os traços da carga de trabalho do PlanetLab de 03/04/2011 com Host = 800, VM = 10463

4.13. Observações

Contrariamente às hipóteses formuladas, após a realização de um estudo de simulação exaustivo, verificaram-se os seguintes resultados:

(i) Podemos otimizar a eficiência energética de forma justa utilizando o algoritmo MADLVF.

(ii) Em alguns casos, foram observados valores ligeiramente mais elevados de PDM, SLATAH e SLAV durante o período de simulação, o que significa uma maior violação do SLA, mas estes valores estão dentro do limite de tolerância.

(iii) A adoção da política LVF reduz significativamente o número de migrações de VM, o que resultará numa menor sobrecarga de migração na largura de banda da rede num tipo de configuração realista.

(iv) Uma menor sobrecarga de migração pode servir um melhor SLA, o que significa um melhor nível de QoS.

CAPÍTULO 5

Conclusão e direção futura

"Da desordem, encontre a simplicidade"

- Albert Einstein

5.1. Resumo e conclusão

Para maximizar o retorno do investimento (ROI) e minimizar a emissão de gases com efeito de estufa, os fornecedores de serviços de computação em nuvem têm de aplicar abordagens eficientes em termos energéticos para a gestão de recursos. Algumas delas são a consolidação dinâmica de VMs, a mudança dos hosts ideais para o modo de consumo mínimo de energia ou a mudança para o modo de suspensão ou hibernação para atender ao pico dinâmico de demanda de recursos no futuro, para que o sistema possa responder rapidamente. Esta consolidação de VMs provoca uma maior violação do SLA. Por conseguinte, a consolidação de VMs não é trivial por natureza. Aplicámos uma abordagem não determinística para recolher as informações
sobre as utilizações anteriores dos anfitriões a partir dos dados históricos do passado e definir o limiar de utilização de acordo com a utilização atual. Propusemos uma nova heurística adaptativa para selecionar as VMs para migração em execução em anfitriões sobrecarregados, de modo a que o anfitrião possa ser utilizado na sua capacidade máxima, mas abaixo do limite de utilização, para que haja menos violação do SLA.

Avaliámos o algoritmo proposto através de uma simulação exaustiva numa configuração experimental em grande escala, utilizando cargas de trabalho sintéticas e os traços de carga de trabalho do PlanetLab com o fornecimento de VMs superior a mil. O algoritmo proposto tenta reduzir a diferença entre o limiar de utilização e a utilização efectiva do anfitrião. Para o efeito, aplicámos o algoritmo MADLVF, que tem um desempenho superior ao do algoritmo MADRS. De acordo com os nossos pressupostos, não considerámos a sobrecarga gerada devido à migração de VMs. O algoritmo proposto MADLVF provoca um menor número de migrações. Assim, num cenário real em que os custos gerais de migração são considerados um fator importante, o nosso algoritmo terá um desempenho superior ao do algoritmo MADRS.

5.2. Direção futura

Planeamos fazer experiências relacionadas com a escalabilidade das nuvens com base no padrão de chegada dos trabalhos. Outra direção do trabalho futuro pode ser o aprovisionamento dos recursos com base em fenómenos bio-inspirados, como a otimização por colónias de formigas, a revoada de pássaros, etc.

Referências

[1] "You are, Therefore I am", Yojana, Ministério da Informação e da Radiodifusão, Índia, pp. 3 3, Jun-2013.

[2] M. J. Frederic P. Miller, Agnes F. Vandome, Grid Computing. Alphascript Publishing, 2010.

[3] P. Mell e T. Grance, "The NIST definition of cloud computing", National Institute of Standards and Technology, vol. 53, n.º 6. p. 50, 2009.

[4] B. Sosinsky, Cloud Computing Bible. Wiley Publishing, 2011.

[5] "Onde a nuvem encontra o chão | The Economist". [Online]. Disponível: http://www.economist.com/node/12411920. [Acedido em: 20-Out-2015].

[6] "Modelos de serviços na nuvem - SaaS PaaS IaaS - Qual é o melhor para si?", TechnoPulse. [Online]. Disponível: http://www.techno-pulse.com/2011/06/cloud- service-models-saas-paas-iaas.html. [Acedido em: 20-Out-2015].

[7] A. Berl, E. Gelenbe, M. Di Girolamo, G. Giuliani, H. De Meer, M. Q. Dang, e K. Pentikousis, "Energy-efficient cloud computing," Comput. J., vol. 53, no. 7, pp. 1045 1051, 2010.

[8] F. F. Moghaddam, M. Cheriet e K. K. Nguyen, "Low carbon virtual private clouds", em Cloud Computing (CLOUD), 2011 IEEE International Conference on, 2011, pp. 259 266.

[9] T. Dillon, C. Wu, e E. Chang, "Cloud computing: issues and challenges," in Advanced Information Networking and Applications (AINA), 2010 24th IEEE International Conference on, 2010, pp. 27 33.

[10] Y. Chen, V. Paxson, e R. H. Katz, "What's new about cloud computing security," 2010.

[11] J. Gray, "Distributed computing economics" (Economia da computação distribuída), Queue, vol. 6, no. 3, pp. 63 68, 2008.

[12] M. R. Nelson, "Building an open cloud," Science, vol. 324, no. 5935, p. 1656, 2009.

[13] S. Murugesan, "Harnessing green IT: Principles and practices", IT professional, vol. 10, n.º 1, IEEE, pp. 24 33, 2008.

[14] E. Curry, B. Guyon, C. Sheridan, e B. Donnellan, ""Developing an Sustainable IT Capability: Lessons From Intel's Journey," MIS Q. Exec., vol. 11, no. 2, pp. 61 74, 2012.

[15] "Definição de computação sustentável". [Online]. Disponível: https://computing. fs.cornell. edu/ Sustainable/fsit_definition.cfm. [Acedido em: 20-Out-2015].

[16] H. R. Prakash, M. R. Anala e G. Shobha, "Análise do desempenho do protocolo de transporte durante a migração em direto de máquinas virtuais", Indian J. Comput. Sci. Eng., vol. 2, no. 5, pp. 715 722, 2011.

[17] "ENERGY STAR | A escolha simples para a eficiência energética". [Em linha], Disponível: http://www.energystar.gov/. [Acedido em: 20-Out-2015].

[18] "EU ENERGY STAR - Rotulagem de equipamentos energeticamente eficientes". [Em linha]. Disponível: http://www.eu-energystar.org/. [Acedido em: 22-Out-2015].

[19] "Desenvolvimento TCO - Certificação TCO e TI Sustentável". [Online]. Disponível: http://tcodevelopment.com/. [Acedido em: 21-Out-2015].

[20] "Tecnologia Intel SpeedStep® aprimorada e comutação baseada em demanda no Linux* | Intel® Developer Zone." [Online]. Disponível: https://software.intel.com/en-us/articles/enhanced-intel-speedstepr- technology-and-demand-based-switching-on-linux/. [Acedido: 21-Out- 2015].

[21] "ACPI - Configuração Avançada e Interface de Energia." [Online]. Disponível: http://www.acpi.info/. [Acedido: 21-Out-2015].

[22] E. Gelenbe, R. Lent, e A. Nunez, "Self- Proc. IEEE, vol. 92, no. 9, pp. 1478 1489, 2004.

[23] R. Nathuji e K. Schwan, "VirtualPower: gestão coordenada da energia em sistemas

empresariais virtualizados," in ACM SIGOPS Operating Systems Review, 2007, vol. 41, no. 6, pp. 265 278.

[24] D. Kusic, J. O. Kephart, J. E. Hanson, N. Kandasamy e G. Jiang, "Power and performance management of virtualized computing environments via lookahead control," Cluster Comput., vol. 12, no. 1, pp. 1 15, 2009.

[25] S. Srikantaiah, A. Kansal, e F. Zhao, "Energy aware consolidation for cloud computing," Cluster Comput., vol. 12, pp. 1 15, 2009.

[26] M. Cardosa, M. R. Korupolu e A. Singh, "Shares and utilities based power consolidation in virtualized server environments," in 2009 IFIP/IEEE International Symposium on Integrated Network Management, 2009, pp. 327 334.

[27] A. Verma, P. Ahuja e A. Neogi, "pMapper: colocação de aplicações conscientes dos custos de energia e migração em sistemas virtualizados", em Middleware 2008, Springer, 2008, pp. 243 264.

[28] A. Verma, G. Dasgupta, T. K. Nayak, P. De, e R. Kothari, "Server workload analysis for power minimization using consolidation," in *U SENIX'09* Proceedings of the 2009 conference on USENIX Annual technical confere, 2009, pp. 28 28.

[29] A. Gandhi, M. Harchol-Balter, R. Das, e C. Lefurgy, "Optimal power allocation in server farms," ACM SIGMETRICS Perform. Eval. Rev., vol. 37, no. 1, pp. 157 168, Jun. 2009.

[30] G. Jung, K. R. Joshi, M. Hiltunen, R. D. Schlichting e C. Pu, "Generating adaptation policies for multi-tier applications in consolidated server environments," in *Autonomic Computing, 2008. ICAC'08. International* Conference on, 2008, pp. 23-32.

[31] G. Jung, K. R. Joshi, M. A. Hiltunen, R. D. Schlichting e C. Pu, "A cost- sensitive adaptation engine for server consolidation of multitier applications," in Middleware 2009, Springer, 2009, pp. 163 183.

[32] X. Zhu, D. Young, B. J. Watson, Z. Wang, J. Rolia, S. Singhal, B. McKee, C. Hyser, D. Gmach, R. Gardner, T. Christian e L. Cherkasova, "1000 Islands: Integrated Capacity and Workload Management for the Next Generation Data Center," na Conferência Internacional sobre Computação Autónoma *(ICAC'08)*, 2008, pp. 172 181.

[33] S. Kumar, V. Talwar, V. Kumar, P. Ranganathan e K. Schwan, "vManage: Loosely coupled platform and virtualization management in data centers", em Proceedings of the 6th international conference on Autonomic computing - *ICAC '09*, 2009, pp. 127 136.

[34] P. Barford e M. Crovella, "Generating representative Web workloads for network and server performance evaluation", ACM SIGMETRICS Perform. Eval. Rev., vol. 26, no. 1, pp. 151 160, Jun. 1998.

[35] D. G. Feitelson, "Workload modeling for performance evaluation," in Performance Evaluation of Complex Systems: Techniques and Tools, Springer, 2002, pp. 114 141.

[36] H. Li, "Workload dynamics on clusters and grids," J. Supercomput., vol. 47, no. 1, pp. 1 20, 2009.

[37] J. L. Berral, Í. Goiri, R. Nou, F. Julià, J. Guitart, R. Gavaldà, e J. Torres, "Towards energy-aware scheduling in data centers using machine learning", em Actas da 1.ª Conferência

Internacional sobre Computação e Redes Energeticamente Eficientes, 2010, pp. 215 224.

[38] L. A. Barroso e U. Hdlzle, "The Case for Energy-Proportional Computing," Computer (Long Beach. Calif), vol. 40, no. 12, pp. 33 37, Dez. 2007.

[39] X. Fan, W.-D. Weber, e L. A. Barroso, "Power provisioning for a warehouse-sized computer," in ACM SIGARCH Computer Architecture News, 2007, vol. 35, no. 2, pp. 13 23.

[40] R. Buyya, C. S. Yeo, S. Venugopal, J. Broberg, e I. Brandie, "Cloud computing and emerging IT platforms: Vision, hype, and reality for delivering computing as the 5th utility," Futur. Gener. Comput. Syst., vol. 25, n.º 6, pp. 599 616, 2009.

[41] A. Beloglazov e R. Buyya, "Algoritmos determinísticos em linha óptimos e heurísticas adaptativas para uma consolidação dinâmica eficiente em termos de energia e desempenho de máquinas virtuais em centros de dados em nuvem", Concurr. Comput. Pract. Exp., vol. 24, no. 13, pp. 1397 1420, 2012.

[42] L. Minas e B. Ellison, "Energy Efficiency for Information Technology: How to Reduce Power Consumption in Servers and Data Centers.(2009)." Intel Press.

[43] A. Beloglazov e R. Buyya, "Adaptive Threshold-Based Approach for Energy-Efficient Consolidation of Virtual Machines in Cloud Data Centers." [Online]. Disponível: http://www.cloudbus.org/papers/AdaptiveVMCloud- MGC2010.pdf. [Acedido em: 22-Out-2015].

[44] "Corporação de Avaliação de Desempenho Padrão". [Online]. Disponível: http://www.spec.org/power_ssj2008/. [Acedido em: 21-Out-2015].

[45] R. B. William Voorsluys, James Broberg, Srikumar Venugopal, "Cost of Virtual Machine Live Migration in Clouds: A Performance Evaluation", em Cloud Computing, vol. 5931, M. G. Jaatun, G. Zhao e C. Rong, Eds. Berlim, Heidelberg: Springer Berlin Heidelberg, 2009, pp. 254 265.

[46] M. Yue, "A simple proof of the inequality FFD (L)< 11/9 OPT (L)+ 1,V L for the FFD bin-packing algorithm," Ata Math. Appl. Sin., vol. 7, no. 4, pp. 321 331, 1991.

[47] R. Buyya, C. S. Yeo, e S. Venugopal, "Market-oriented cloud computing: Vision, hype, and reality for delivering it services as computing utilities", em High Performance Computing and *Communications, 2008. HPCC'08. 10th* IEEE International Conference on, 2008, pp. 5 13.

[48] R. N. Calheiros, R. Ranjan, A. Beloglazov, C. A. F. De Rose, e R. Buyya, "CloudSim: um conjunto de ferramentas para modelação e simulação de ambientes de computação em nuvem e avaliação de algoritmos de aprovisionamento de recursos," Softw. Pract. Exp., vol. 41, n.º 1, pp. 23-50, 2011.

[49] A. Quiroz, H. Kim, M. Parashar, N. Gnanasambandam e N. Sharma, "Towards autonomic workload provisioning for enterprise grids and clouds", em Grid Computing, 2009 10th IEEE/ACM International Conference on, 2009, pp. 50-57.

[50] K. Park e V. S. Pai, "CoMon: a mostly-scalable monitoring system for PlanetLab," ACM SIGOPS Oper. Syst. Rev., vol. 40, no. 1, pp. 65 74, 2006.

[51] R. Brown, "Report to congress on server and data center energy efficiency: Public law 109-431," 2008.

[52] A. Medina, A. Lakhina, I. Matta e J. Byers, "BRITE: An approach to universal topology generation," in Modeling, Analysis and Simulation of Computer and Telecommunication Systems, 2001. Actas. Ninth International Symposium on, 2001, pp. 346 353.

Printed by Books on Demand GmbH, Norderstedt / Germany